Guía completa del Rhodesian Ridgeback

Tarah Schwartz

LP Media Inc. Editorial

www.lpmedia.org

Datos de Publicación

Tarah Schwartz

Guía completa del Rhodesian Ridgeback ---- Primera edición.

Resumen: "Criar con éxito a un perro Rhodesian Ridgeback desde cachorro hasta la vejez" --- Proporcionado por el editor.

ISBN: 979-8-89818-005-8

[1. Rhodesian Ridgebacks --- No Ficción] I. Título.

Diseño por Sorin Rădulescu

Primera edición en español, 2025

ÍNDICE

CAPÍTULO 1
El Rhodesian Ridgeback

¿Qué es un Rhodesian Ridgeback?

El Rhodesian Ridgeback es un lebrel atlético y distinguido cuya característica distintiva es una cresta de pelo que crece en dirección opuesta a lo largo de la columna vertebral. La raza fue desarrollada originalmente en África con el propósito de rastrear y acorralar leones. Aunque ya no se utilizan para cazar leones, son participantes competitivos en una variedad de deportes caninos modernos. También son excelentes compañeros para familias activas, siempre que estén dispuestas a lidiar con la naturaleza independiente del Ridgeback y su alto instinto de caza.

Los Rhodesian Ridgebacks son conocidos por su comportamiento tranquilo y gentil, y muchos se llevan bien con niños y otras mascotas. Sin em-

*Foto cortesía de
Liesl Kruger*

bargo, son perros grandes y enérgicos que deben ser vigilados de cerca para asegurar que no jueguen demasiado bruscamente con compañeros más pequeños. Son perros valientes y leales que pueden volverse tímidos o agresivos con extraños si no están correctamente socializados. Los Rhodesian Ridgebacks son inteligentes y capaces de aprender rápidamente, pero su independencia puede resultar un desafío durante el adiestramiento. Los métodos de entrenamiento firmes y consistentes funcionan mejor con esta raza. Son perros increíblemente atléticos que requieren

Foto cortesía de Ash Watts

abundante ejercicio diario. Sin suficiente actividad física, pueden volverse nerviosos o destructivos.

El pelaje del Rhodesian Ridgeback es corto, suave y fácil de cuidar. Los colores del manto pueden variar desde un trigo claro hasta marrones más profundos y tonos rojizos. Pueden encontrarse pequeñas manchas blancas en el pecho o los dedos de sus patas. A lo largo de la espalda se encuentra una característica franja simétrica de pelos que crecen en dirección opuesta. El pelaje requiere relativamente poco acicalamiento, pero los Rhodesian Ridgebacks se consideran perros con un nivel medio de muda.

El atletismo natural de los Rhodesian Ridgebacks los convierte en una opción popular para competidores de deportes caninos. Además de conformación y obediencia, los Ridgebacks sobresalen en agilidad, saltos acuáticos, rastreo y carreras de persecución. La raza puede ser obstinada, pero con un adiestramiento firme y consistente, se les puede enseñar cualquier cantidad de órdenes. También son excelentes compañeros para correr y acompañarán con gusto a sus familias en excursiones de camping y senderismo de cualquier duración.

Los Rhodesian Ridgebacks son considerados perros relativamente saludables, pero hay algunos problemas genéticos que afectan a la raza. La displasia de cadera y codo son afecciones comunes, pero pueden prevenirse con prácticas responsables de controles y reproducción. La enfermedad tiroidea afecta a casi uno de cada cuatro Ridgebacks. Las cataratas y las enfermedades cardíacas también son comunes en la raza. Como perros grandes de pecho profundo, son propensos a la dilatación gástrica, que ocurre cuando el estómago del perro se llena de gas, y puede ser fatal si no se trata inmediatamente. En general, la raza es bastante saludable y la esperanza de vida promedio es de aproximadamente 10 a 12 años.

Historia del Rhodesian Ridgeback

El Rhodesian Ridgeback fue desarrollado originalmente en el sur de África. Nativo de Rhodesia, actualmente conocida como Zimbabue, la raza fue creada mediante el cruce de perros con cresta que mantenían las tribus locales con los perros de los colonos bóers en los siglos XVI y XVII. Los colonos europeos reconocieron rápidamente el talento innato del perro para la caza y la raza se convirtió en una opción popular para los cazadores en Matabeleland y Mashonaland. Los cazadores comenzaron entonces a añadir razas europeas como Pointers, Lurchers, Terriers y Bulldogs a la mezcla en un intento de crear el perro de caza perfecto. El Gran Danés incluso fue añadido a la línea de sangre en algunas áreas, aportando mayor tamaño y una constitución más musculosa. Se sospecha que también se añadieron otras razas tipo Mastín, pero no hay registro oficial de ello.

La forma y el tamaño exactos de los perros variaban según la región, por lo que Francis Richard Barnes propuso un estándar de raza en 1925. Barnes era un reconocido criador de Ridgebacks de la época, que utilizó el estándar del Dálmata como punto de partida. El Perro León de Rhodesia, como Barnes se refería a la raza, fue aceptado por la Unión Canina de Sudáfrica en 1927, momento en el que el nombre se cambió a Rhodesian Ridgeback. A medida que la raza se volvió más consistente y más popular entre los cazadores de leones, el interés en el extranjero comenzó a crecer. Los primeros Rhodesian Ridgebacks fueron importados a los Estados Unidos en 1950 por William H. O'Brien y su esposa. El Sr. y la Sra. O'Brien importaron seis Rhodesian Ridgebacks con la intención de lograr que la raza fuera reconocida por el American Kennel Club. La raza y su estándar oficial fueron finalmente aceptados por el AKC en 1955. En el Reino Unido, el Rhodesian Ridgeback Club of Great Britain se fundó en 1952 para promover la raza entre los ingleses aficionados a los perros.

Hoy en día, la raza ha crecido en popularidad y la Federación Cinológica Internacional (FCI) la reconoce como una raza establecida a nivel mundial. Aunque ya no se utilizan para cazar leones, los Rhodesian Ridgebacks

Foto cortesía de
Stephanie Egger

a menudo se siguen utilizando para cazar presas más pequeñas. Son competidores exitosos en carreras de persecución, conformación y competiciones de rastreo. Los Rhodesian Ridgebacks también son populares como compañeros familiares y compañeros de ejercicio.

Características Físicas

Foto cortesía de
Charlene Walsh

Los Rhodesian Ridgebacks son perros grandes que son ligeramente más largos que altos, pero con una apariencia equilibrada. Los machos generalmente miden entre 63 y 69 centímetros de altura a la cruz y las hembras miden entre 61 y 66 centímetros. El peso promedio es de 32 a 39 kilogramos. La apariencia general del perro debe ser la de un lebrel fuerte y musculoso. Son perros activos y atléticos, y su constitución debe reflejar esto.

La cabeza del Rhodesian Ridgeback es ancha, con un hocico largo y fuerte. Los ojos deben ser redondos, brillantes y de un color que complemente el pelaje del perro. Los perros con nariz negra deben tener ojos más oscuros, mientras que a los perros con nariz hepática o marrón se les permite tener ojos de color ámbar. La coloración más oscura en la cara y el hocico es aceptable dentro de las directrices del estándar de la raza. La nariz debe ser de color negro, marrón o hepático. El cuello del Rhodesian Ridgeback debe parecer bastante largo y equilibrado. El pecho debe ser profundo, pero no demasiado ancho o redondeado. Los hombros son musculosos, y las extremidades anteriores son rectas y de hueso pesado. Las patas del perro son compactas y redondeadas. Los espolones pueden estar presentes o pueden ser eliminados. Los cuartos traseros del Ridgeback son fuertes, musculosos y rectos cuando se ven desde atrás.

El pelaje del Rhodesian Ridgeback debe ser corto, denso y brillante. El color puede variar desde un tono claro de trigo hasta un color trigo más rojizo. Se permite una pequeña cantidad de blanco en los dedos y el pecho, pero el blanco excesivo, o blanco en cualquier otra parte del cuerpo, no es deseable. La característica distintiva del Rhodesian Ridgeback es la cresta de pelo que crece en dirección opuesta a lo largo de la columna vertebral del perro. La cresta debe estar bien definida y ser simétrica. Idealmente, debe comenzar justo detrás de los hombros y continuar hasta las caderas. La cresta también debe contener dos coronas o remolinos, directamente opuestos entre sí. En la pista de exhibición, un perro con una sola corona, o más de dos, será seriamente penalizado. Un perro sin cresta será descalificado.

El movimiento del Rhodesian Ridgeback debe verse equilibrado y libre, reflejando el atletismo y la resistencia de la raza. La zancada del perro debe ser larga y eficiente. En general, el movimiento debe mostrar un equilibrio ideal entre potencia y elegancia.

Características Comportamentales de la Raza

A pesar de su historia como fieros cazadores, los Rhodesian Ridgebacks son tranquilos y gentiles cuando están en casa con la familia. Son típicamente perros de buen carácter y obedientes que se llevan bien con los niños. Algunos Ridgebacks, especialmente los cachorros jóvenes, pueden jugar bruscamente y accidentalmente derribar a niños pequeños u otras mascotas, pero es puramente por accidente y no por malicia. Son perros increíblemente leales y pueden ser algo reservados con extraños, por lo que una socialización adecuada es una necesidad. En el adiestramiento, son inteligentes y aprenden rápidamente, pero pueden detectar fácilmente cuando tienen ventaja. Requieren entrenadores confiados y consistentes que regularmente le recuerden al perro su lugar en la manada. Sin un liderazgo firme, los Ridgebacks pueden volverse inmanejables y destructivos. Son una raza de alta energía que necesita estimulación física y mental regular. Pueden ser algo tercos, especialmente si creen que son los líderes de la manada. La raza generalmente se lleva bien con animales de otras especies, siempre que estén socializados adecuadamente. Los Rhodesian Ridgebacks son perros activos y atléticos que disfrutan de la actividad física, especialmente junto a los miembros de su familia.

¿Es un Rhodesian Ridgeback Adecuado para Ti?

Los Rhodesian Ridgebacks son perros animados y enérgicos que requieren mucha estimulación física y mental. Necesitas ser honesto contigo mismo sobre si este es el tipo de perro adecuado para ti. Si eres una persona que disfruta pasando sus días libres relajándose en casa frente al televisor, quizás debas reconsiderar la adopción de un Ridgeback. Por otro lado, si eres una persona activa que pasa su tiempo libre haciendo senderismo, corriendo o explorando al aire libre, tu estilo de vida puede ser más ideal para la raza. Esto no quiere decir que los Ridgebacks no disfruten del tiempo de descanso, ya que disfrutan relajándose con sus familias, pero también necesitan una cantidad significativa de ejercicio. Un perro cansado siempre tendrá menos probabilidades de meterse en problemas que un perro que no ha recibido suficiente estimulación.

Los Rhodesian Ridgebacks probablemente encontrarán formas de entretenerse si tú no lo haces por ellos. Si trabajas muchas horas y esperas que tu perro descanse tranquilamente todo el día mientras estás ausente,

Foto cortesía de Rebecca Weddell

14

esta raza puede no ser adecuada para ti. Si se le proporciona suficiente estimulación física y mental, un Ridgeback descansará felizmente todo el día hasta que regreses, pero un Ridgeback aburrido puede ser bastante destructivo y se entretendrá felizmente en tu ausencia destrozando cojines, hurgando en la basura, mordisqueando muebles y generalmente convirtiendo tu hogar en una zona de desastre. Ejercitar y mantener ocupado a un Rhodesian Ridgeback puede ser un gran compromiso de tiempo, por lo que si no dispones de mucho tiempo libre, quizás debas considerar otra raza o tipo de mascota.

El tamaño podría ser una consideración, dependiendo de tu hogar. Si vives en el campo sin escasez de espacio, puede que no necesites preocuparte por el tamaño del perro que llevas a casa. Sin embargo, si vives en un pequeño apartamento, quizás debas considerar si ese entorno es adecuado para un Rhodesian Ridgeback. Los Ridgebacks pueden ser excelentes perros de apartamento siempre que reciban suficiente ejercicio físico y mental. Sin embargo, necesitas considerar qué tan fácil sería compartir un espacio tan reducido con un perro grande. Necesitarás determinar si tienes suficiente espacio en el apartamento para una jaula o cama para perros. Si decides permitir que tu perro suba a los muebles, considera si todavía habrá suficiente espacio para ti y tu pareja o amigos. Si está adecuadamente adiestrado y ejercitado, puede ser relativamente fácil vivir con un perro grande en un espacio pequeño, pero tomará tiempo para que ambos se adapten a vivir en espacios reducidos y necesitas considerar seriamente si esto es algo que estás dispuesto a hacer.

También puedes querer considerar el tipo de pelaje del Rhodesian Ridgeback si vives en un clima frío. Los Ridgebacks fueron desarrollados en el sur de África y son perros increíblemente tolerantes al calor. Sus pelajes cortos son ideales para protegerlos contra el sol pero manteniéndolos relativamente frescos. En un clima frío, sin embargo, sus elegantes pelajes pueden no ser suficientes para mantenerlos calientes. Muchos Ridgebacks se desenvuelven bien en temperaturas gélidas si están vestidos con abrigos, suéteres o botas, pero aún así pueden no ser capaces de pasar mucho tiempo al aire libre sin enfriarse. Si vives en un área con inviernos largos y severos, quizás desees considerar una raza que esté más adaptada a ese clima.

CAPÍTULO 2
Cómo elegir un Rhodesian Ridgeback

Comprar vs. Adoptar

Ahora que has tomado la decisión de incorporar un Rhodesian Ridgeback a tu hogar, necesitas decidir si deseas comprar tu nuevo perro a un criador de confianza o adoptarlo de un refugio o una organización de rescate. Considera las características ideales que buscas en tu nuevo perro, como la edad, el género, el nivel de adiestramiento y el potencial atlético. Saber lo que deseas de tu nuevo perro no solo te ayudará a decidir dónde buscar, sino también a elegir qué perro llevar a casa.

Foto cortesía de
Michelle Gasaway

Foto cortesía de
Sandy Gilbert

Al decidir dónde buscar a tu nuevo Ridgeback, piensa si preferirías un cachorro o un perro adulto. Los cachorros requieren mucho trabajo y supervisión constante, pero tienen la ventaja de poder adiestrarlos a tu manera. Los perros adultos a menudo ya están educados para hacer sus necesidades fuera de casa y generalmente comprenden las reglas básicas de convivencia en un hogar. Sin embargo, en ocasiones han desarrollado malos hábitos en hogares anteriores que tú deberás trabajar para eliminar. Los refugios son excelentes lugares para encontrar perros mayores, pero también suelen tener cachorros. Algunos criadores también pueden tener perros adultos disponibles para adopción, generalmente perros retirados de exposiciones o reproducción.

Muchos dueños de perros no tienen preferencia sobre el género de su nuevo perro, pero otros sí, especialmente si tienen otros perros en casa. No es raro que algunas perras tengan dificultades para llevarse bien con otras hembras, y algunos machos pueden preferir la compañía de un género determinado, por lo que si tienes un perro particularmente exigente en casa, considera sus preferencias al decidir sobre un nuevo perro. Muchos perros simplemente estarán felices de tener un nuevo compañero de juegos, por lo que puede que no les importe su género, y tú deberás tomar la decisión por ti mismo.

Si tienes ciertos objetivos en mente para tu nuevo perro, deberás tenerlos en cuenta durante tu búsqueda. Si buscas un perro de compañía con un corazón de oro, tendrás las mismas posibilidades de encontrar el perro de tus sueños con un criador que con una organización de rescate. Sin embargo, si buscas un perro con una conformación perfecta que se desempeñe bien en exposiciones caninas, probablemente no encontrarás lo que buscas en un refugio. Dependiendo de tus necesidades, es recomendable investigar tanto criadores como organizaciones de rescate para asegurarte de haber considerado todas las opciones en tu búsqueda del perro perfecto.

Cómo encontrar un criador de confianza

Si has decidido obtener tu cachorro de un criador, asegúrate de hacer tu investigación y elegir un criador de confianza. Debes investigar cuidadosamente al criador antes de tomar cualquier decisión y no comprar impulsivamente el primer cachorro de Ridgeback que encuentres. Los criadores de confianza son apasionados por la raza y trabajan arduamente para mejorar la salud y el bienestar de la raza en general. Los criadores que examinan a sus perros para detectar condiciones genéticas y participan en exposiciones o competiciones con ellos te darán la mejor oportunidad de encontrar un cachorro saludable que pueda hacer lo que tu requieres. Tendrán registros de los perros progenitores y podrán informarte sobre sus temperamentos, personalidades y logros en las exposiciones.

Una de las mejores maneras de encontrar un criador de confianza es contactando a otros dueños de Rhodesian Ridgeback, especialmente si tienes la intención de participar en exposiciones con tu nuevo perro. Si tienes un deporte particular en mente, asiste a algunas competiciones o entrenamientos y habla con otros dueños de Ridgebacks. Podrás ver qué tipo de perros están produciendo ciertos criadores y decidir si están criando el tipo de perro que estás buscando. Los competidores podrán compartir sus propias experiencias con criadores locales y ayudarte a tomar una decisión informada sobre dónde conseguir tu nuevo perro.

También puedes buscar criadores en internet, pero como con todo lo que está en línea, es importante ser cauteloso. Investiga y asegúrate de que el criador sea quien dice ser y que sus perros sean de la calidad que se anuncia. Muchos criadores mantienen sitios web actualizados con las últimas pruebas de salud y registros de rendimiento de sus perros. También pueden tener cachorros disponibles o listas de espera para futuras camadas. Su información de contacto también debe estar disponible, así que no dudes en contactarlos.

Los criadores de confianza son apasionados por sus perros y querrán saber tanto sobre ti como tú sobre ellos. Quieren asegurarse de que sus perros vayan a los hogares adecuados y estarán encantados de responder cualquier pregunta que puedas tener. Si un criador parece dudar en discutir temas particulares o producir ciertos registros, esto puede ser una señal de alarma de que tienen algo que ocultar. Sé particularmente cauteloso con los criadores que te desalientan a visitar sus hogares y conocer a sus per-

ros. Algunos criadores pueden ser cautelosos al llevar extraños a sus hogares cuando tienen cachorros jóvenes y sin vacunar en la casa, pero probablemente explicarán la situación en lugar de actuar de manera extraña. La mayoría de los criadores están abiertos y dispuestos a hablar sobre sus perros con posibles compradores. Usa tu mejor juicio al decidir si confías en la persona con la que estás hablando. Si sientes que es un criador confiable y de buena reputación, programa un encuentro para reunirte en persona y discutir sobre sus perros y lo que estás buscando en tu nuevo cachorro.

Pruebas de salud y certificaciones

Como regla general, los criadores de confianza en España someten periódicamente a sus perros reproductores a controles de salud para detectar las enfermedades hereditarias más frecuentes de la raza. Así buscan mejorar la calidad genética y reducir la incidencia de patologías congénitas; si un ejemplar no supera las pruebas recomendadas, suele retirarse de la cría para impedir que la afección se transmita a futuras generaciones. Dado que algunas alteraciones permiten que el animal sea portador sin síntomas, los análisis de laboratorio y los exámenes especializados son imprescindibles. Un criador comprometido trabaja camada tras camada para lograr perros más sanos y longevos, y la documentación de esos controles constituye una prueba objetiva del buen estado de salud de sus ejemplares.

La Real Sociedad Canina de España (RSCE) mantiene el Registro de Reproductores Recomendados (RRC), un fichero público en el que pueden inscribirse los perros que han superado todas las pruebas de salud exigidas para su raza. Para la displasia de cadera y codo, por ejemplo, la RSCE evalúa las radiografías mediante comités oficiales (universidades veterinarias y sociedades científicas) y registra la calificación final en el pedigree, previo abono de una tasa. Los criadores también pueden adjuntar resultados de pruebas de ADN, cardiológicas u oftalmológicas emitidas por laboratorios europeos acreditados; estos certificados se conservan en el expediente RRC y pueden consultarse en línea por futuros compradores. De esta forma, los propietarios disponen de un sistema equivalente al CHIC estadounidense, adaptado a la normativa española y alineado con las directrices de la FCI.

Para que un Rhodesian Ridgeback obtenga la mención de "Reproductor Recomendado" en España, la RSCE exige: radiografías de cadera y codo a partir de los 12 meses de edad; un examen ocular anual avalado por un oftalmólogo diplomado ECVO hasta, al menos, los nueve años; y un perfil tiroideo completo cada año entre los dos y seis años, con un control adicional a los ocho. Como pruebas opcionales, se recomienda una ecocar-

*Foto cortesía de
Anne Rosén*

diografía Doppler a partir del año de vida y un test de audición BAER en cualquier momento. Estos requisitos, revisados periódicamente por la RSCE y el Club Español del Rhodesian Ridgeback, garantizan que los cachorros procedan de líneas sanas y con resultados de salud transparentes.

Contratos y garantías del criador

Un aspecto importante y necesario de la compra de un perro de raza pura es el contrato o garantía del criador. Este contrato legalmente vinculante te protege tanto a ti como al criador, mientras prioriza la salud y el bienestar del cachorro que estás comprando. El contrato contiene acuerdos entre tú y el criador, como el precio pagado y las vacunas administradas al cachorro, así como lo que sucede si el cachorro se enferma o no cumple con los estándares descritos en el contrato. Algunos criadores también optan por requerir que los adoptantes alimenten al perro con cierto tipo de comida. Los partidarios acérrimos de las dietas crudas a menudo solo permitirán que sus cachorros vayan a hogares que continuarán alimentándolos con dietas crudas. Los criadores de perros de rendimiento o deporte también pueden requerir que los posibles adoptantes exhiban o compitan con sus perros, y sus requisitos pueden estar establecidos dentro del contrato.

Los contratos deben contener una cláusula que garantice la salud del cachorro. Si se han realizado todas las pruebas requeridas en los padres, el contrato puede establecer que el cachorro debe estar libre de cualquier enfermedad o trastorno genético grave. Si un cachorro da positivo para una enfermedad genética más adelante en la vida, una cláusula dentro del contrato también debe establecer qué pasos deben seguir el criador y el dueño. Algunos dueños pueden enamorarse de su cachorro independientemente de su salud, pero otros pueden optar por devolver el perro al criador a cambio del precio de compra o un nuevo cachorro de una camada diferente.

La mayoría de los contratos o garantías de los criadores también establecerán que el criador está dispuesto a recuperar al perro en cualquier momento y por cualquier motivo. Si no puedes cuidar al perro en algún momento durante su vida, es probable que el criador quiera asegurarse de que el perro no termine en un refugio o en un hogar no aprobado. Los perros en refugios a menudo enfrentan mayores riesgos de lesiones, enfermedades e incluso eutanasia. La mayoría de los criadores de confianza están dispuestos a recuperar un perro sin hacer preguntas. También puede haber una "cláusula de felicidad" dentro del contrato, que establece que si no estás satisfecho con tu cachorro por cualquier motivo, puedes devolverlo al criador. Si recibirás o no un reembolso en estas circunstancias también debe estar documentado.

Al firmar el contrato del criador, aceptas la responsabilidad de la salud y felicidad del cachorro de por vida. Si el contrato requiere que esterilices o castres al perro a cierta edad, o compita en ciertos deportes, al firmar el contrato estás legalmente de acuerdo en hacerlo. Algunos criadores también incluyen una cláusula que establece que una cierta porción del precio de compra será devuelta al propietario tras la prueba de que se han tomado acciones específicas.

El criador generalmente proporcionará el contrato antes de que tú tomes posesión del cachorro. Asegúrate de leer el contrato detenidamente y tomar nota de cualquier pregunta que tengas. Si deseas agregar, cambiar o discutir algo, asegúrate de hacerlo antes de firmar el contrato. Tanto tú como el criador deben estar completamente de acuerdo antes de firmar este documento legalmente vinculante. Recuerda, el contrato no está destinado a complicar el proceso de compra, simplemente tiene la intención de mantener los mejores intereses del cachorro en mente mientras protege tanto al comprador como al criador.

Elegir el cachorro perfecto

Elegir a tu cachorro ideal de una camada de adorables Rhodesian Ridgeback puede parecer una tarea difícil, pero discutir sus necesidades con el criador puede ayudarte a tomar la decisión correcta. Nadie conoce mejor a esa camada de cachorros que el criador, por lo que él o ella será una fuente invaluable de información cuando se trate de elegir el cachorro adecuado.

Es esencial que mires más allá de la apariencia de un cachorro al elegir a tu Rhodesian Ridgeback. Aunque no hay una gran variedad en el color o las marcas en la raza, sigue siendo importante colocar la apariencia del cachorro en el último lugar de tu lista de deseos. En cambio, el temperamento del cachorro debe ser una prioridad, especialmente si estás buscando un perro familiar o de competición. Conocer a los padres de la camada debería darte una idea de cómo serán los cachorros cuando crezcan. Si tienes la intención de competir con tu perro, también deberás considerar la conformación y la capacidad atlética. Independientemente de lo que pretendas hacer con tu Ridgeback, es importante que mantengas una mente abierta sobre la apariencia del perro y tengas en cuenta todas sus características.

Presta atención a las personalidades de los cachorros. Incluso a una edad relativamente temprana, sus disposiciones naturales serán evidentes.

Si deseas un cachorro extrovertido y sociable, es posible que desees elegir uno que se acerque a ti con audacia y confianza en lugar de uno que se siente alejado del grupo de manera tímida o temerosa. Los cachorros de alta energía probablemente estarán saltando con sus compañeros de camada y visitantes, mientras que los perros de menor energía pueden estar más interesados en relajarse a tu lado. Buscar la opinión del criador te ayudará a decidir qué personalidad te conviene más, ya que él o ella tendrá el mejor conocimiento del temperamento de cada cachorro.

Consejos para adoptar un Rhodesian Ridgeback

Adoptar un Rhodesian Ridgeback de un refugio o una organización de rescate siempre es una gran opción, especialmente si estás buscando un compañero familiar en lugar de un perro de exposición competitivo. Si has decidido adoptar en lugar de comprar, sigue siendo importante que tengas alguna idea de lo que estás buscando en un perro. La mayoría de los

Foto cortesía de Charlene Walsh

refugios y rescates evalúan el temperamento de sus perros y su nivel de adiestramiento, por lo que tienen una mejor idea del tipo de estilo de vida que necesitan. Muchos rescates también tienen perros en hogares de acogida, en lugar de perreras, por lo que su familia de acogida tendrá una buena comprensión de cómo es el perro fuera de un entorno de refugio. Saber qué tipo de estilo de vida llevas y cuáles son tus objetivos para tu nuevo perro te ayudará a ti y al personal de rescate a tomar la decisión correcta.

Antes de comprometerte con la adopción, debes decidir si estás dispuesto a asumir cualquier desafío conductual o de salud. Muchos perros terminan en rescates porque sus familias anteriores no pudieron o no quisieron lidiar con ciertos problemas. Además, si los perros pasan de un hogar a otro, a menudo pueden desarrollar malos hábitos o simplemente su adiestramiento puede haber sido descuidado. Considera hábitos específicos y decide si cada comportamiento es un factor decisivo. La falta de socialización o de educación para hacer sus necesidades fuera de casa puede resolverse fácilmente, pero el comportamiento agresivo puede ser más difícil de corregir.

Si tienes niños u otras mascotas en casa, recuerda mencionarlo al personal. Algunos Rhodesian Ridgeback pueden ser temerosos o agresivos con niños u otros animales, especialmente si han tenido malas experiencias en sus hogares anteriores. Para prevenir un desastre o un regreso al refugio, es crucial asegurarse desde el principio de que tu nuevo miembro de la familia se sienta cómodo con tus hijos u otras mascotas. La mayoría de las organizaciones requerirán una presentación formal entre el perro y tus hijos o mascotas para asegurarse de que todos se lleven bien. Una introducción cuidadosamente supervisada es esencial para el comienzo de una nueva relación saludable.

La mayoría de los refugios y rescates requerirán una solicitud formal antes de adoptar una mascota. El formulario de solicitud probablemente pedirá una variedad de información sobre tu estilo de vida y hogar. Por ejemplo, pueden preguntar si vives en un apartamento sin acceso a un patio o en el campo con una propiedad sin cercar, cuántos miembros de tu familia hay en tu hogar y cuánto tiempo estará solo el perro cada día. Algunas organizaciones también realizan una verificación del hogar, . Una verificación del hogar implica que un voluntario de rescate visite tu hogar para asegurarse de que sea un entorno seguro para un perro. Pueden sugerir ciertos cambios, como arreglar un agujero en la cerca, antes de que sea aprobado para la adopción. Los voluntarios suelen ser bastante indulgentes y estarán encantados de darte la oportunidad de hacer que tu hogar sea seguro antes de llevar a casa a tu nuevo miembro de la familia.

CAPÍTULO 3
Preparando tu hogar para tu nuevo Rhodesian Ridgeback

Adaptando a tus mascotas actuales y niños

Puede parecer abrumador introducir a tu nuevo Rhodesian Ridge-back en tu hogar actual, pero con la seguridad como prioridad, puede hacerse fácilmente y con poca preparación. Es crucial que recuerdes que los miembros actuales de la familia, tanto humanos como animales, pueden necesitar tiempo para adaptarse a la nueva incorporación, por lo que la paciencia es fundamental. Es posible que necesites supervisar atentamente las interacciones durante varios días o semanas antes de que todos puedan quedarse solos juntos con confianza, así que procede lentamente y no apresures las presentaciones.

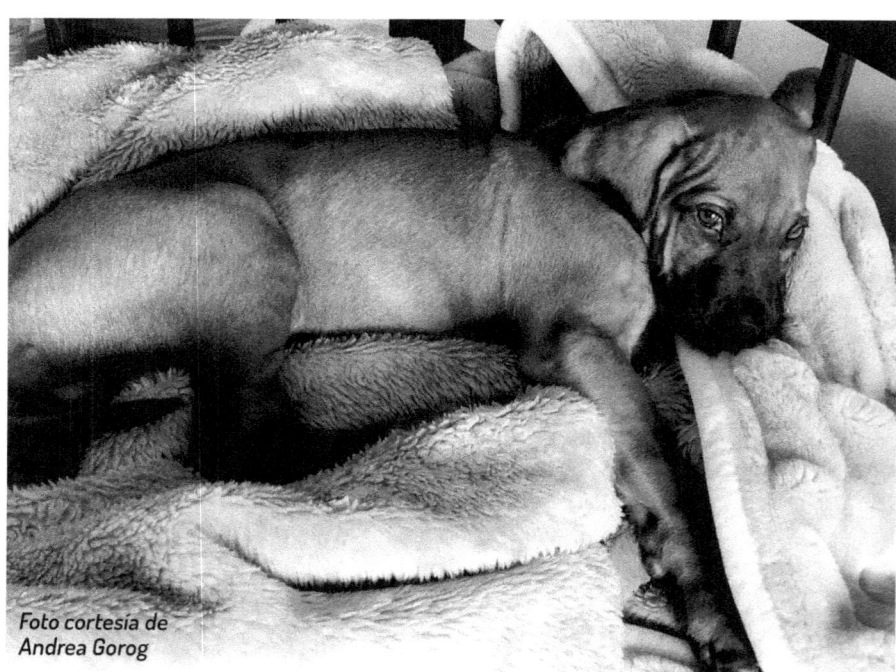

Foto cortesía de
Andrea Gorog

Un área pequeña con poco tránsito, como un cuarto de lavado, es ideal para el espacio personal de tu nuevo perro. Establecer un espacio separado para tu Rhodesian Ridgeback le permitirá adaptarse a tu hogar con un mínimo de estrés. En lugar de cerrar la puerta, lo que podría hacer que su Ridgeback se sienta aislado, puedes instalar una puerta removible, como las destinadas para niños pequeños. Estas puertas generalmente se montan a presión, lo que significa que no necesitan ser atornilladas o clavadas en las paredes o marcos de puertas. Los corrales o áreas de ejercicio también funcionan bien, especialmente si estás utilizando solo una parte de un espacio más grande. El propósito de la barrera es permitir que los miembros nuevos y antiguos de la familia tengan cada uno su propio espacio al cual retirarse si se sienten abrumados. La barrera evita interacciones cercanas, que pueden provocar accidentes o lesiones, pero aún permite que todos se vean y se huelan. Con el tiempo, esto permite que el nuevo perro se convierta en parte de la familia con el menor estrés posible.

Una vez que tu Rhodesian Ridgeback haya comenzado a adaptarse a tu nuevo hogar, puedes empezar a presentarlo a los miembros existentes de tu familia. Idealmente, las presentaciones deberían realizarse en territorio neutral y con solo una persona o animal a la vez. Esto puede ayudar a reducir las posibilidades de que alguien se sienta abrumado y reaccione mal. Si el clima lo permite, presentar a tu nuevo perro puede hacerse al aire libre. Si tu cachorro aún no ha sido completamente vacunado, o tienes mascotas exclusivamente de interior como gatos, una habitación menos frecuentada de la casa funciona mejor, como una habitación de invitados o un comedor formal. Esto ayuda a evitar que tus mascotas más antiguas se vuelvan territoriales sobre su habitación o área favorita. Generalmente, los Rhodesian Ridgeback se llevan bien con los demás, pero si percibes tensión entre tu nuevo perro y tus mascotas antiguas, da un paso atrás e intenta nuevamente más tarde. Simplemente pueden necesitar más tiempo para familiarizarse entre sí desde una distancia segura. Algunas mascotas pueden ser un poco resistentes al cambio, especialmente cuando ese cambio viene en forma de un cachorro de Rhodesian Ridgeback juguetón y lleno de energía. Ve despacio y no apresures las presentaciones, ya que este es el comienzo de una relación de por vida.

Una vez que hayas presentado a tu nuevo Ridgeback a tu familia, puedes comenzar a permitirles interactuar con más frecuencia. Incluso si tu Rhodesian Ridgeback está completamente adiestrado para hacer sus necesidades, es mejor permitirle entrar solo en una habitación a la vez, con supervisión, al menos hasta que sepa que se puede confiar en que no hará sus necesidades allí o morderá muebles u otros objetos. Es posible que necesites supervisar a tu Ridgeback durante tus interacciones con tu familia y mascotas durante varias semanas hasta que estés seguro de que pueden estar juntos con confianza. Los accidentes pueden ocurrir y ocurren, y una supervisión atenta durante las primeras etapas de las presentaciones puede ayudar a prevenir tales tragedias.

Cosas peligrosas que los perros podrían comer

Antes de traer a tu Rhodesian Ridgeback a casa por primera vez, debes revisar cada habitación de tu casa para asegurarte de que sea segura para tu nuevo miembro de la familia. Los cachorros tienden a explorar su mundo usando sus bocas y el hogar promedio está lleno de peligros potenciales.

Algunos de los mayores peligros para los cachorros jóvenes son los venenos destinados a insectos, roedores y otras plagas. Estos venenos generalmente están hechos para atraer a los animales a los que se dirigen, pero también pueden atraer la atención de cachorros curiosos. Si estás luchando contra un problema de plagas, puede ser útil pedirle consejo a un profesional de control de plagas sobre cómo tratar la infestación sin poner en peligro potencialmente a tus mascotas. Existen muchos métodos diferentes de control de plagas que son más seguros para usar alrededor de las mascotas que el veneno.

Antes de permitir que tu Rhodesian Ridgeback entre en tu garaje o en cualquier área donde pueda estacionarse un automóvil, asegúrate de que el área esté libre de anticongelante. El anticongelante tiene un sabor dulce, por lo que los perros y otros animales pueden intentar lamerlo si lo encuentran. El etilenglicol es el ingrediente tóxico del anticongelante e incluso pequeñas cantidades pueden ser mortales, así que asegúrate de limpiar inmediatamente cualquier fuga de anticongelante y reparar cualquier fuga para evitar que tu perro o cualquier otra mascota del vecindario se envenene. Los síntomas de envenenamiento por anticongelante incluyen movimiento inestable o como de embriaguez, vómitos, diarrea, latidos cardíacos rápidos, convulsiones y desmayos. Si sospechas que tu mascota ha consumido anticongelante, contacta a tu veterinario local inmediatamente.

Si tienes niños, es importante que mantengas sus juguetes lejos de tu curioso nuevo cachorro. Los Rhodesian Ridgeback jugarán fácilmente con juguetes de niños si los encuentran. Desafortunadamente, los juguetes destinados a los niños a menudo no están construidos para resistir los dientes de un perro y tu cachorro puede destruirlo y posiblemente ingerir piezas pequeñas. Estas pequeñas piezas de juguete pueden crear una obstrucción intestinal, que puede ser mortal sin intervención quirúrgica. Incluso los juguetes destinados a perros pueden ser masticados o rotos, así que vigila de cerca los juguetes de tu perro y retíralos una vez que hayan sido masticados hasta un tamaño pequeño o se les hayan roto piezas.

Aunque son hermosas, las plantas de interior pueden ser peligrosas para los cachorros curiosos. Algunos cachorros pueden no mostrar interés en las plantas, mientras que otros las devorarán fácilmente si se les permite. Si tienes una colección de plantas de interior, trata de mantener solo plantas no tóxicas, como los cactus de Navidad y las plantas serpiente, o mantenlas fuera del alcance de tu cachorro. Incluso los Rhodesian Ridgeback adultos han sido conocidos por mordisquear plantas de interior, así que ten cuidado con el tipo de plantas que introduces en tu hogar.

Una fuente inesperada de peligro se puede encontrar en tu cocina. Los cubos de basura pueden contener numerosos artículos peligrosos y deben mantenerse alejados de tu Rhodesian Ridgeback. Los peligros comunes incluyen huesos cocidos, alimentos tóxicos, objetos rotos y plástico. Desafortunadamente, los restos de comida en los cubos de basura pueden ser bastante tentadores para un perro, por lo que es posible que debas ser creativo para mantener a tu perro alejado de la basura. Mantener tu cubo

Foto cortesía de Steve Warwick

de basura dentro de un armario puede ser útil, pero algunos perros aún pueden descubrir cómo abrir la puerta del armario. En este caso, los cerrojos para puertas de armario destinados a niños pequeños pueden ser útiles. Algunos cubos de basura también se pueden cerrar con llave. Dicho esto, es mejor evitar que tu perro descubra las delicias del cubo de basura en primer lugar, ya que buscar en la basura restos de comida puede ser un hábito difícil de romper una vez que ha comenzado.

Otros peligros domésticos

Foto cortesía de Sandy Gilbert

Los cables eléctricos también pueden presentar un peligro para los cachorros de Rhodesian Ridgeback. Los cachorros pueden intentar masticar un cable para aliviar parte de la incomodidad de la dentición, y pueden resultar gravemente heridos o incluso morir. Hasta que tu cachorro tenga la edad suficiente y sea lo suficientemente responsable como para que se confíe en dejarlo solo en la casa, asegúrate de supervisarlo en todo momento. Si no puedes proporcionar supervisión, déjalo en su área designada o jaula para mantenerlo seguro. Retira todos los cables eléctricos del alcance de tu cachorro antes de permitirle entrar en una nueva habitación. Puede ser útil agacharse y ponerse a su nivel para ver lo que puede alcanzar, y así tendrás una mejor idea de lo que debe retirarse de su espacio.

Los productos químicos domésticos son otra área de preocupación al preparar tu hogar para la nueva llegada. Asegúrate de que no haya productos de limpieza, medicamentos o productos químicos de jardinería al alcance de tu Ridgeback. Si tu cachorro tiene el hábito de meterse en los armarios, es posible que desees invertir en cerraduras de armario diseñadas para mantener alejados a los niños pequeños. Si sospechas que tu cachorro ha ingerido una sustancia peligrosa, comunícate con tu veterinario o la línea directa local de control de envenenamiento inmediatamente. Cuanto antes reciba tratamiento tu cachorro, más probable será que sobreviva a la experiencia.

Preparando un espacio interior para tu Rhodesian Ridgeback

Elegir un espacio para tu cachorro es el primer paso para preparar tu hogar para el nuevo miembro de la familia. El espacio proporcionará un área segura para que tu cachorro viva durante las próximas semanas o meses, hasta que se pueda confiar en que tenga acceso a toda la casa. Las habitaciones con pisos fáciles de limpiar, como cuartos de lavado, baños de invitados o incluso cocinas, funcionan bien. Los espacios más pequeños son ideales para los cachorros para limitar el espacio que tienen. A los perros generalmente no les gusta hacer sus necesidades cerca de sus áreas de comida o de dormir, por lo que los espacios más pequeños pueden ayudar con el adiestramiento para este hábito. También puedes optar por configurar una jaula dentro de la habitación pequeña o área. Si es posible, trata de elegir una habitación que esté cerca del centro de las actividades de tu familia. De esta manera, tu cachorro podrá ver la acción y no sentirse tan aislado, pero podrá retirarse a su propio espacio si se siente abrumado.

Después de haber decidido en qué habitación se quedará tu cachorro, es hora de preparar el espacio a prueba de cachorros. Retira cualquier peligro como cables eléctricos, plantas de interior o cualquier cosa dañina en la que tu Ridgeback pueda meterse. Puede ser útil ponerse en el suelo al nivel del cachorro para ver lo que podría alcanzar. Mientras preparas el espacio a prueba de cachorros, también es importante asegurarse de que el área sea segura. Asegúrate de que tu perro no pueda escapar de su área o pasar a través de cualquier puerta montada a presión. Cualquier puerta al exterior debe estar cerrada con llave para evitar que se deje abierta por accidente.

Una vez que el área esté segura y protegida, instala los suministros de tu cachorro. Si estás utilizando paños absorbentes para cachorros, extiéndelos sobre el piso. No solo ayudarán con la limpieza si tu cachorro tiene un accidente, sino que también ayudarán con cualquier desorden causado por derrames de platos de comida o agua. Es mucho más fácil desechar un paño absorbente para cachorros que fregar un piso sucio. Si notas que tu Ridgeback está masticando o destrozando sus paños, es posible que debas retirarlas para evitar la ingestión accidental.

Al decidir dónde colocar la cama de tu perro, elige una ubicación que esté algo apartada. Esto le dará a tu perro un lugar seguro al cual retirarse si las actividades diarias de tu hogar lo abruman durante sus primeros días en su nuevo hogar. A medida que se adapte, siempre puedes mover la cama más cerca de la entrada de su espacio para que pueda relajarse mientras mantiene un ojo en la familia. Al igual que con los paños, asegúrate de que tu cachorro no esté masticando ninguna de sus camas. La tela y el relleno pueden convertirse fácilmente en un peligro de asfixia o una posible obstrucción intestinal si se tragan.

Foto cortesía de Jonathan Higdon

El lugar ideal para los platos de comida y agua de tu perro es la esquina más tranquila de su área. Colocar los platos lejos de su cama ayudará a evitar que la misma se ensucie si accidentalmente vuelca sus tazones. Evita usar cualquier área cerca de la entrada de su espacio, si es posible. Tu nuevo Ridgeback puede emocionarse cuando llegues a casa después del trabajo o cuando lo saques a pasear, y puede derramar su comida o agua durante su momento de emoción. Es posible que necesites usar el método de prueba y error durante unos días para descubrir la distribución perfecta del espacio de tu perro.

Preparando espacios exteriores

El primer paso para preparar tu patio o jardín para la llegada de tu Rhodesian Ridgeback es caminar a lo largo de tu cerca para asegurarte de que no haya agujeros o puntos débiles por los que pueda escapar. Al igual que hiciste con su espacio interior, es posible que desees ponerte al nivel del perro para ver cualquier área por donde pueda intentar pasar. Un perro suelto corre el riesgo de ser atropellado por automóviles, asesinado por animales salvajes o robado, así que asegúrate de que tu cerca esté segura antes de permitir que tu nuevo perro juegue afuera.

Si tienes una piscina en tu propiedad, asegúrate de que tu nuevo perro no pueda acceder al área de la piscina sin supervisión. Algunas cercas de piscina pueden permitir que los cachorros pasen a través de los espacios, así que asegúrate de que tu perro no pueda caer accidentalmente al agua. Aunque los Rhodesian Ridgeback son muy buenos nadadores, caer repentinamente al agua puede hacer que un perro entre en pánico y no pueda encontrar la salida. Si crees que tu perro podría pasar a través de la cerca, es posible que desees forrar la mitad inferior de la cerca de tu piscina con malla de gallinero o cercado de jardín para mantenerlo fuera.

Dependiendo del paisajismo de tu patio, o del tipo de jardín que mantengas, es posible que desees verificar que todas las plantas no sean tóxicas para los perros.

Suministros

Antes de traer a tu Rhodesian Ridgeback a casa desde el refugio o el criador, puede ser útil compilar una lista de los suministros que necesitarás durante sus primeros días o semanas juntos. Introducir un nuevo perro en tu hogar existente será lo suficientemente estresante sin el estrés adicional de olvidar comprar comida para perros. Si tienes otros perros en tu hogar, probablemente solo necesitarás comprar algunos artículos nuevos, pero aún puede ser útil anotar todo.

El artículo más importante que debes tener listo para tu nuevo perro es la comida para perros. Averigua qué está comiendo actualmente tu Ridgeback en el refugio o en la casa del criador. Si esa comida no es lo que te gustaría darle de comer, aún necesitarás suficiente de la comida antigua para hacer una transición lenta a tu comida de elección. Cambiar los alimentos demasiado rápido puede causar malestar digestivo, lo que puede producirle estrés innecesario durante sus primeros días juntos. Si estás trayendo a casa un perro adulto, asegúrate de preguntar sobre cualquier alergia o sensibilidad alimentaria. El adiestramiento debe comenzar tan pronto como traigas a tu perro a casa, así que asegúrate de conseguir también algunas golosinas para el adiestramiento.

El segundo artículo más importante que debes tener listo para tu nuevo perro es un collar de tamaño apropiado con identificación. Dependiendo del tamaño y la edad de tu nuevo Ridgeback, es posible que debas estimar qué tamaño comprar. La mayoría de los collares son ajustables, por lo que deberías poder estimar qué tamaño funcionará mejor. La mayoría de las tiendas de mascotas o minoristas en línea también venden etiquetas o placas de identificación que puedes personalizar con tu información de contacto. La identificación adecuada es esencial en caso de que tu cachorro escape de su nuevo hogar y se pierda. Al principio, la mayoría de los expertos recomiendan una correa simple de nylon o cuero. Las correas extensibles funcionan para algunos, pero a menudo son demasiado largas y difíciles de manejar, especialmente durante los primeros días de adiestramiento. Las correas regulares de menos de dos metros de longitud son ideales para mantener a los cachorros excitables bajo control y fuera de peligro.

Una cama cómoda también debe estar en tu lista de compras. Tu perro debe tener un lugar acogedor al cual retirarse durante la transición a su nuevo hogar, así que asegúrate de elegir una cama que sea de tamaño apropiado y acolchada. Los perros adultos y mayores a menudo disfrutan de camas más gruesas y firmes, mientras que los cachorros disfrutan acurrucándose en camas y mantas esponjosas. Si estás trayendo a casa un cachorro, podría ser mejor no gastar en una cama cara todavía. Los cachorros a menudo destrozan sus primeras camas durante sus etapas de dentición y puede ser frustrante si has gastado mucho dinero en una buena cama de espuma viscoelástica solo para verla hecha pedazos.

No importa qué tipo de cama compres, trata de conseguir algo con una funda extraíble. Aunque toda la cama deberá lavarse ocasionalmente, es conveniente poder lavar solo la funda cuando sea necesario. Si a tu perro le gusta esconderse debajo o acurrucarse en mantas, las mantas de vellón son una opción económica.

La misma regla se aplica a los primeros juguetes de tu cachorro. Trata de encontrar juguetes económicos que sean buenos para masticar. Dar a tu perro juguetes apropiados puede ayudar a reducir las posibilidades de que mastique un artículo valioso en tu hogar. Recuerda, los juguetes deben ser lo suficientemente grandes como para que tu perro no pueda tragarlos enteros. Independientemente del tamaño, deberás vigilar los juguetes de tu Ridgeback para asegurarte de que no haya roto o masticado piezas pequeñas que podría tragar.

Los Rhodesian Ridgeback son perros de bajo mantenimiento en términos de necesidades de aseo, pero algunos suministros de aseo ayudarán a mantener a tu perro con buen aspecto y olor. Un peine de goma tipo curry es una gran opción para ayudar a eliminar el pelo muerto, tanto en un pelaje seco como en el baño. También puedes querer invertir en un champú de calidad en caso de que tu cachorro se ensucie o comience a oler. Si tienes la intención de cortar las uñas de tu perro en casa, también necesitarás un cortaúñas o un pulidor. Si no estás seguro de qué suministros de aseo funcionarán mejor con tu perro, pídele recomendaciones a tu peluquero canino local.

Por último, si estás trayendo a casa un Rhodesian Ridgeback que aún no ha sido adiestrado para hacer sus necesidades, querrás traer a casa algunos artículos para ayudar con el adiestramiento. Los paños absorbentes y desechables para cachorros son útiles para la limpieza, especialmente cuando se usan para forrar áreas o la habitación designada de tu perro. Dependiendo del tipo de piso en tu hogar, también querrás comprar algún tipo de solución para la limpieza. La mayoría de las tiendas de mascotas y minoristas en línea ofrecen una variedad de productos destinados a limpiar varios tipos de pisos. Muchos limpiadores contienen enzimas para ayudar a eliminar el olor y desalentar a tu perro de hacer sus necesidades en esa misma área nuevamente. Muchos dueños también eligen colgar campanas en su puerta durante el adiestramiento para hacer sus necesidades. La idea es que el perro aprenderá a empujar o tocar las campanas cuando necesite salir, haciéndote saber que está listo para salir antes de que tenga un accidente.

CAPÍTULO 4
Llevando a Casa a tu Nuevo Rhodesian Ridgeback

La Importancia de Tener un Plan

Es importante planificar minuciosamente la llegada de tu Rhodesian Ridgeback para ayudar a reducir el estrés de la transición tanto para tu nuevo perro como para tu familia. Si traes a tu cachorro a casa y de pronto te das cuenta de que no has comprado ningún suministro ni has preparado su área designada, estarás creando un ambiente estresante que puede asustar o abrumar a un cachorro que ya está nervioso. Una planificación adecuada ayudará a que los primeros días transcurran con mayor fluidez y te permitirá establecer un vínculo con tu nuevo perro en lugar de preocuparte por qué hacer con él.

Si ya tienes otros perros en casa, es posible que no necesites planificar tan minuciosamente, ya que probablemente ya dispones de la mayoría de los suministros necesarios y también has tenido la experiencia de traer otros perros a casa, por lo que ya sabes qué esperar. Si eres un dueño novato, encontrarse con problemas en los primeros días con tu nuevo perro puede causarte pánico si no has planificado las cosas a fondo. Elaborar un plan y escribirlo te proporcionará un recurso útil al que recurrir cuando las

Foto cortesía de Mike Krzyza

cosas no salgan bien. Por ejemplo, planificar el primer viaje en coche de tu perro a casa te permitirá concentrarte en conducir con seguridad en lugar de preocuparte por el cachorro mareado que corre libremente en el asiento trasero. Añadir un nuevo miembro a la familia puede ser una experiencia abrumadora, pero estar preparado te ayudará a centrarte en construir una relación duradera en lugar de preocuparte por lo que podría salir mal.

El Viaje a Casa

El aspecto más importante de la primera vez que tu Rhodesian Ridgeback viaja en coche es tu energía y tu reacción ante el evento. Tu perro probablemente viajará en coche muchas veces durante su vida, por lo que es importante causarle una impresión positiva durante su primer viaje. Traer a casa a un nuevo miembro de la familia puede ser emocionante, pero debes mantener la calma y la compostura para animar a tu cachorro a hacer lo mismo. Si actúas nervioso o excitado, tu cachorro podría pensar que él también debe estar nervioso por viajar en coche.

Otra parte esencial de viajar en coche es la sujeción adecuada. Debes usar un cinturón de seguridad en el coche para protegerte en caso de accidente y para tu perro no debería ser diferente. Un perro sin sujeción puede entrar fácilmente en pánico y distraerte de la conducción o saltar sobre tu regazo. Si tienes un accidente, podría escapar del coche y correr hacia el tráfico. Es mucho más seguro que tu perro esté debidamente sujeto en el coche hasta que llegue a su destino. Dependiendo de las preferencias de tu perro y las tuyas propias, hay muchos tipos de sujeciones seguras en el mercado. Para los cachorros, la mejor opción es una jaula de transporte o transportín. Muchos transportines de lados blandos también tienen correas que permiten pasar un cinturón de seguridad para asegurar el transportín al asiento. Otros tipos de jaulas se ajustan perfectamente al asiento trasero o al área de carga para evitar que la jaula se mueva por el coche. También hay disponibles barreras de metal o malla para mantener a tu perro confinado en el asiento trasero o en el área de carga. Los perros mayores y con más experiencia también pueden disfrutar usando un arnés con un accesorio para el cinturón de seguridad. Usa tu mejor criterio para decidir qué método utilizar en el primer viaje de tu Ridgeback a casa.   Siempre puedes cambiar de opinión más tarde si deseas probar otro método.

Independientemente del tipo de sujeción que elijas utilizar, es importante estar preparado para cualquier posible mareo. Muchos perros sin experiencia en viajes pueden marearse, especialmente si la carretera tiene muchas curvas o cambios de altitud. Forrar la jaula o el transportín de tu perro con toallas puede ser útil, al igual que los paños absorbentes para cachorros. Si eliges usar barreras o cinturones de seguridad, también puedes invertir en fundas impermeables para los asientos. Es posible que desees llevar algunas toallas o mantas adicionales para ayudar en la limpieza, así como una bolsa para guardar cualquier ropa de cama sucia.

Viajar en coche puede ser una experiencia aterradora para algunos perros y pueden reaccionar mal. Hasta que sepas cómo reacciona tu perro en el coche, la sujeción adecuada es aún más necesaria. Algunos perros pueden ladrar o llorar, ensuciarse o intentar escapar. Contener a un perro en una jaula ayudará a sujetarlo, pero también puede darle una sensación de seguridad. Algunos perros también se calman si se coloca una manta o toalla sobre la jaula, dándoles una sensación de confort aislado. Mantener la calma durante estos momentos es esencial. Si reaccionas al pánico de tu perro, solo estarás confirmando sus preocupaciones de que algo anda mal. Llevar una pequeña manta o juguete del criador o familia de acogida de tu perro puede ayudarlo a consolarse durante el viaje. El olor familiar puede calmarlo durante esta estresante transición.

Foto cortesía de Steve Warwick

La Primera Noche en Casa

La primera noche en casa con tu Rhodesian Ridgeback puede ser algo insomne para ti, por lo que es mejor que traigas a tu nuevo perro a casa durante un fin de semana o día libre. Esto es especialmente cierto si estás trayendo a casa un cachorro. Esta será la primera vez que el cachorro pase la noche lejos de sus compañeros de camada, por lo que puede angustiarse. Incluso si estás trayendo a casa un perro adulto, el cambio puede ser suficiente para causarle angustia.

Antes de traer a tu nuevo perro a casa, debes decidir dónde pasará su primera noche. Aunque probablemente habrá muchos aullidos y ladridos, generalmente no se recomienda mantener a tu perro en algún lugar fuera del alcance del oído. Por tentador que sea descansar realmente, el aislamiento solo hará que llore más y tú no lo escucharás si se mete en problemas o necesita salir. Mantener a tu perro en una jaula cerca de tu propia cama es probablemente la mejor opción. Si está en una jaula, no podrá hacer sus necesidades en tu cama o dormitorio, ni masticar tus muebles o artículos personales por frustración. Sin embargo, aún podrá hacerte saber si necesita salir y se sentirá reconfortado por tu presencia.

Es crucial que saques a tu cachorro afuera para que haga sus necesidades justo antes de acostarte. Cuanto más tarde puedas sacarlo, más tiempo podrás dormir antes de que necesite salir de nuevo. También deberás asegurarte de que sacarlo afuera sea lo primero que hagas después de levantarte. Si estás trayendo a casa un cachorro, deberás sacarlo cada pocas horas durante la noche. Deberás desarrollar la capacidad de distinguir sus llantos de atención de sus llantos para salir. Esto puede ser difícil durante la primera noche, así que trata de mantener un horario estricto de sacarlo cada pocas horas.

Si tu Rhodesian Ridgeback llora después de que lo hayas llevado adentro o está obviamente llorando por atención, es importante que lo ignoress tanto como sea posible. Cuando lo pongas en su jaula antes de acostarte, puede ladrar o molestarse, pero debes ignorarlo para que comience a desarrollar una rutina nocturna. Puede ser difícil ignorar a un perro que ladra cuando estás tratando de dormir, pero prestarle atención solo lo alentará a actuar de esa forma cuando quiera tu atención. Eventualmente, se rendirá y se dormirá.

Primera Visita al Veterinario/Elección de un Veterinario

La primera visita de tu Rhodesian Ridgeback al veterinario marcará la pauta para toda una vida de visitas veterinarias, así que asegúrate de que sea una experiencia positiva para todos. Incluso si tu nuevo perro aún no está listo para su próxima ronda de vacunas, debes llevarlo a visitar al veterinario durante sus primeros días en tu hogar, solo para asegurarte de que esté sano y esté manejando bien la transición. Muchos criadores requieren esto en sus contratos, ya que ayuda a garantizar que están cumpliendo con su parte del trato al enviarte a casa con un cachorro saludable.

Si aún no tienes un veterinario, la mejor manera de encontrar uno acreditado es preguntar a amigos y familiares que tengan perros. Muchos dueños pueden tener opiniones bastante firmes sobre la clínica que uti-

lizarán y no utilizarán, pero recomendarán fácilmente a alguien que conocen y en quien confían. Si has obtenido a tu cachorro de un criador local o refugio, también ellos pueden recomendarte un veterinario basándose en sus propias experiencias. Una vez que hayas elegido un veterinario, asegúrate de preguntar sobre sus horarios de emergencia. Si el personal de la clínica no está disponible las 24 horas, pueden recomendarte una clínica veterinaria de emergencia acreditada para consultar si algo sucede fuera de su horario normal.

Durante la primera visita de tu cachorro al veterinario, se someterá a un examen físico. Durante este examen, el veterinario o técnico veterinario pesará al perro, escuchará su corazón y pulmones, y verificará su temperatura. También se examinarán los ojos, oídos, dientes y abdomen de tu cachorro para asegurarse de que esté en buen estado de salud. El personal veterinario también puede preguntar si tu cachorro está comiendo, bebiendo y haciendo sus necesidades normalmente.

Es probable que tu veterinario hable contigo sobre qué vacunas recibirá tu cachorro durante esta visita y cuándo necesitas traerlo de vuelta para las que siguen. El veterinario también puede discutir cualquier reacción alérgica potencial que tu perro pueda tener a las vacunas. La mayoría de los perros toleran bien las vacunas, pero es importante estar atento a cualquier tipo de reacción para que se pueda administrar el tratamiento adecuado lo antes posible. Si notas urticaria, hinchazón del sitio de inyección u hocico, o dificultad para respirar, tu perro necesita ser tratado inmediatamente. Muchos veterinarios piden que esperes alrededor de la clínica durante 15-20 minutos para asegurarte de que tu perro no tenga ninguna reacción adversa.

Es común que el personal veterinario también realice exámenes fecales en cachorros, así como en perros provenientes de refugios. Incluso si tu Ridgeback no muestra ningún síntoma de infección parasitaria, sigue siendo importante asegurarte de que esté sano. Las lombrices intestinales son muy comunes de encontrar, especialmente en cachorros jóvenes. Afortunadamente, si tu perro da positivo para parásitos intestinales, el tratamiento generalmente es fácil y económico.

La primera visita de tu cachorro al veterinario es un excelente momento para hablar sobre el microchip. El microchip es un procedimiento simple en el cual se inserta un pequeño microchip, aproximadamente del tamaño de un grano de arroz, debajo de la piel de tu perro sobre la cruz. El microchip puede ser escaneado por cualquier escáner aprobado y ayudará a reunirte con él en caso de que se pierda. A diferencia de los collares y las etiquetas de identificación, los microchips no pueden caerse, por lo que es una

Foto cortesia de
Caroline Higgins

excelente manera de asegurar que tu perro pueda ser identificado. Solo asegúrate de actualizar tu información de contacto con la compañía del microchip para que tengan tu número de teléfono y dirección más recientes, en caso de que estos cambien.

También debes discutir el momento adecuado para esterilizar o castrar a tu cachorro con tu veterinario. La mayoría de los veterinarios recomiendan realizar la cirugía alrededor de los seis meses de edad, pero tu veterinario podrá hacer una recomendación más precisa basada en el tamaño, peso y salud general de tu perro. Podrás obtener una estimación del costo del procedimiento para que puedas presupuestar en consecuencia si es necesario. Si tienes alguna inquietud sobre el procedimiento o sobre la anestesia de tu perro, ahora es el momento de mencionarlas. Las técnicas modernas de anestesia son increíblemente seguras, pero tu veterinario podrá responder cualquier pregunta que puedas tener.

Clases para Cachorros

Enseñar a tu Rhodesian Ridgeback a ser un miembro responsable de tu familia y de la comunidad es una parte importante de la etapa de cachorro. Para ayudar a tu Ridgeback a alcanzar su potencial, es posible que desees asistir a clases para cachorros. Puede que no sea un problema que tu cachorro tire de la correa o salte sobre tu pierna ahora, pero como adulto esos comportamientos pueden ser peligrosos. Cuanto antes comiences a enseñar buenos modales a tu perro, mejor. Las clases para cachorros son simplemente clases básicas de obediencia, pero tienden a centrarse más en la corta capacidad de atención y la naturaleza curiosa de los cachorros. Tu cachorro aprenderá comandos básicos, como sentarse y quedarse quieto, y tú podrás obtener el consejo profesional de un adiestrador sobre cualquier problema con el que puedas estar luchando, como el entrenamiento para hacer sus necesidades o malos hábitos. Las clases para cachorros también son un excelente lugar para comenzar a socializar a tu cachorro con otros perros y personas.

La mayoría de las clases para cachorros requerirán que tu Ridgeback tenga cierta edad antes de que se le permita asistir. La razón de esto es que la mayoría de los cachorros habrán sido vacunados suficientes veces a esa edad. Es posible que debas proporcionar prueba de vacunación antes de su primera clase. Esto es para mantener a todos los cachorros asistentes sanos y libres de enfermedades transmisibles.

Deberías poder encontrar muchas opciones diferentes para las clases, dependiendo del área en la que viva. La mayoría de las áreas tienen adiestradores privados o escuelas de obediencia que realizan clases regulares. Muchas tiendas de mascotas y refugios también realizan clases regulares para cachorros y de obediencia básica. Si no estás seguro de dónde buscar, intenta contactar con tu criador, refugio local o veterinario, ya que pueden recomendarte un adiestrador o instalación en particular.

La mayoría de las clases para cachorros se realizan en grupo, ya que esto puede ayudar con la socialización. Muchas clases para cachorros tienen límites de edad, lo cual es para ayudar a proteger a los cachorros de perros adultos más grandes que puedan ser agresivos. Si estás trayendo a casa un perro mayor, intenta buscar clases de obediencia básica en lugar de clases para cachorros. Cubrirán los mismos temas, pero estarán dirigidas más hacia perros adultos en lugar de cachorros. Si tu nuevo perro tiene malos hábitos o no ha sido socializado adecuadamente, es posible que desees buscar lecciones individuales con un adiestrador local. Las clases en grupo pueden ser abrumadoras para algunos perros, por lo que comenzar con lecciones privadas puede ser una excelente manera de desarrollar habilidades básicas antes de intentar asistir a clases en grupo.

Desglose de Costos para el Primer Año

Tener un perro puede ser costoso, así que si vives con un presupuesto particularmente ajustado, es posible que desees reconsiderar traer un perro a tu vida. Sin embargo, muchos dueños pueden cuidar excelentemente a sus perros con un presupuesto ajustado porque han presupuestado adecuadamente.

Si estás comprando un Rhodesian Ridgeback a un criador, el precio inicial de compra será uno de tus mayores costos en el primer año de tener al perro. Dependiendo de la calidad, área y potencial del cachorro, probablemente gastarás entre varios cientos a varios miles de euros. Si estás adoptando un perro de un refugio, tu tarifa inicial de adopción probablemente será de unos pocos cientos de euros como máximo. Sin embargo, las tarifas de adopción también suelen cubrir vacunas, desparasitación y esterilización o castración. Si estás comprando un perro un criador, deberás cubrir esos costos tú mismo.

Los gastos obligatorios como alimentos, atención veterinaria y suministros pueden acumularse rápidamente. Dependiendo de dónde vivas, podrías estar gastando entre 900 y 3.500 euros solo para el cuidado básico. La siguiente tabla contiene una estimación del costo del primer año de tener un Rhodesian Ridgeback:

Gastos obligatorios	Estimación de costos
Alimento	300 € - 900 €
Platos para Comida y Agua	10 € - 50 €
Premios	50 - 150 €
Juguetes	20 € - 200 €
Collares y Correas	10 € - 100 €
Transportín	25 € - 100 €
Camas para perros	25 € - 100 €
Vacunas y cuidado veterinario rutinario	100 € - 350 €
Prueba de la filaria	10 € - 35 €
Prevención de la filaria	25 € - 125 €
Prevención de pulgas y garrapatas	40 € - 200 €
Esterilización o castración	150 € - 600 €
Clases para cachorros	200 € - 500 €
Total	965 € - 3410 €

Desafortunadamente, esos no son los únicos costos que puedes encontrar en el primer año con tu Rhodesian Ridgeback. Aunque los Ridge-

Foto cortesía de Beth Keener

backs tienen pelo corto, aún necesitan aseo regular y muchos dueños encuentran difícil o imposible bañar a un perro grande en casa. Los costos de aseo profesional variarán según tu área y los servicios que elijas, pero pueden sumar varios cientos de euros al año.

Si planeas viajar sin tu nuevo perro, también deberás considerar el costo de que alguien lo cuide en tu ausencia. Puedes optar por dejar a tu perro en una instalación de alojamiento o hacer que un cuidador de mascotas lo cuide ya sea en tu hogar o en el suyo. El precio de estos servicios oscilará entre unos 15 euros por día a más de 100 euros por día. Si tienes amigos o familiares que son amantes de los perros, puedes pedirles que cuiden a tu querido Ridgeback en tu ausencia y ofrecerte a cuidar a tu perro la próxima vez que salgan de la ciudad.

El mayor gasto potencial al que te enfrentas como propietario de un perro es la atención veterinaria de emergencia. Aunque puedes hacer todo lo posible para mantener a tu Rhodesian Ridgeback seguro y saludable, los accidentes y enfermedades pueden ocurrir y ocurrirán. La atención de emergencia puede variar en costo desde unos pocos cientos de euros hasta varios miles o más. El seguro para mascotas es una opción que los dueños tienen para ayudar a cubrir el costo de la atención de emergencia. Muchos dueños también optan por reservar una pequeña cantidad cada mes para tener disponible en caso de que ocurra una emergencia.

Posibles gastos	Estimación de costos
Peluquería Profesional	100 € - 500 €
Servicios Veterinarios de Emergencia	200 € - 1000 €+
Cuidado o Alojamiento de Mascotas	15 € - 100 €+ por día

Las cifras enumeradas en esta sección pueden hacerte sentir algo abrumado, pero es importante entender que cuidar de un animal es una gran responsabilidad financiera. Al traer a este perro a tu hogar, estás aceptando la responsabilidad de cuidarlo lo mejor que puedas. Antes de traer a tu Rhodesian Ridgeback a casa, debes considerar cuidadosamente si estás listo para tal compromiso. Independientemente de tu situación financiera, una planificación y presupuesto cuidadosos pueden ayudarte a estar preparado para los costos potenciales de tener un perro sin una tensión indebida en tus finanzas.

CAPÍTULO 5
Ser Padre de un Cachorro

Manteniendo Sus Expectativas

Decidir traer un Rhodesian Ridgeback a tu hogar es un gran compromiso y es esencial que tengas expectativas realistas. Criar a un cachorro es un trabajo a tiempo completo. Cuanto más tiempo estés dispuesto a dedicar al entrenamiento y desarrollo de tu nuevo perro, más rápidamente verás progreso. El entrenamiento para hacer sus necesidades y los modales básicos requieren consistencia, y si no estás dispuesto a dedicar el tiempo y la energía para enseñarle a tu perro las reglas del hogar, podrías terminar con un perro indisciplinado e inmanejable.

Durante las primeras semanas o meses con tu cachorro, deberías mantener tus expectativas relativamente bajas. Introducir un nuevo perro en la familia puede ser una experiencia estresante para todos, así que aunque definitivamente deberías comenzar el adiestramiento de inmediato, también debes recordar que aún se están conociendo. Si estableces expectativas demasiado altas, podrías sentirte frustrado o decepcionado con el progreso de tu Ridgeback. Recuerda que la transición a un nuevo hogar es un

momento estresante en la vida de tu cachorro y necesitará tiempo para adaptarse antes de poder concentrarse plenamente en el adiestramiento.

Cómo Entrenar con la Jaula

El entrenamiento con jaula es esencial para la vida de cualquier perro, ya sea que esté destinado a participar en exposiciones caninas o simplemente a ser un miembro respetuoso de la comunidad. Incluso si no tienes la intención de mantener a tu perro en una jaula cuando sea adulto, esperar tranquilamente en una jaula sigue siendo una habilidad necesaria. El personal de tu peluquería canina local o clínica veterinaria probablemente necesitará poner a tu perro en una jaula en algún momento, y será menos estresante para todos los involucrados si él entiende que debe esperar tranquilamente hasta que se le pida salir. También puede haber una situación de emergencia en la que necesites enjaular a tu perro por su propia seguridad o la seguridad de otros. Un perro que no ha sido adecuadamente entrenado con la jaula puede intentar salir corriendo por la puerta, ensuciarse o intentar escapar. Podría lastimarse al morder o arañar los lados de la jaula. Además de ser un peligro para sí mismo, también podría lastimar a alguien más si sale disparado por la puerta. Ser dueño de un perro significa que tú estás asumiendo la responsabilidad por el comportamiento de un animal, incluso en presencia de otras personas, por lo que el entrenamiento adecuado con la jaula no solo te beneficiará a ti sino a todos los demás que tengan que manejar a tu perro.

El primer paso para introducir la jaula a tu Rhodesian Ridgeback es hacerla atractiva. Una jaula vacía con un piso de plástico duro difícilmente será un lugar donde tu perro disfrutará pasar su tiempo. Intenta poner su cama favorita, mantas o juguete preferido dentro (si confías en que no lo destruirá). Cuanto más cómoda sea la jaula de tu perro, más probable será que quiera entrar por sí mismo.

Para animar a tu perro a entrar en la jaula, intenta lanzar algunas golosinas justo dentro de la puerta. Al principio, puede que solo entre el tiempo suficiente para agarrar la golosina antes de retroceder, pero eso está bien. A medida que practiques, puedes intentar lanzar las golosinas hacia la parte trasera de la jaula para animarlo a entrar con las cuatro patas. A medida que se sienta más cómodo, puedes intentar cerrar la puerta detrás de él durante solo uno o dos segundos. Recuerda elogiarlo adecuadamente. A medida que su entrenamiento con la jaula progresa, puedes intentar cerrar la puerta con llave y dejarlo en la jaula durante períodos más largos. Si comienza a llorar o ladrar, trata de dejarlo calmarse antes de liberarlo. Si lo dejas salir mientras está ladrando, aprenderá que puede salir cuando quiera si ladra. Recuerda, tú eres el líder de la manada y tú decide cuándo puede salir de la jaula.

Masticar

Masticar es un hábito destructivo y peligroso que los Rhodesian Ridgeback pueden desarrollar, pero desafortunadamente, es una parte normal de la etapa de cachorro. Sin embargo, es importante desalentar a tu perro de masticar objetos inapropiados durante este tiempo para ayudar a evitar que mantenga este mal hábito como adulto. Alrededor de los cuatro meses de edad, tu Ridgeback comenzará a perder sus dientes de leche. Este proceso toma alrededor de dos meses y puedes esperar que tu cachorro tenga la boca llena de dientes adultos alrededor de los seis meses de edad. Durante el proceso de dentición, las encías de tu cachorro estarán bastante adoloridas y puede recurrir a masticar en un intento de aliviar parte de su malestar. Puede intentar masticar muebles, zapatos, juguetes de niños e incluso cables eléctricos, por lo que debes ser diligente en mantener estas cosas fuera de su alcance.

Para desalentar a tu Ridgeback de masticar tus muebles o artículos personales, puedes querer probar uno de los muchos productos en el mercado diseñados para evitar que los perros mastiquen. Típicamente, pueden rociarse directamente sobre una variedad de materiales sin manchas ni daños al material. Los aerosoles suelen tener un sabor agrio, amargo o picante. La idea es que el perro encontrará el sabor tan desagradable que se disuadirá de masticar un objeto. Solo recuerda volver a aplicar el aerosol ocasionalmente para que si tu perro intenta masticar el mismo objeto en el futuro, el sabor desagradable todavía esté allí para desalentarlo.

Mientras desalientas a tu cachorro de roer objetos inapropiados, también necesitas tener muchas opciones apropiadas para que mastique. Tu tienda de mascotas local o tu minorista en línea favorito probablemente tendrá una gran selección de juguetes para masticar para mantener a tu perro ocupado y aliviar su dolor de dentición. Incluso hay juguetes diseñados especialmente para cachorros en dentición que pueden congelarse para ayudar a proporcionar alivio refrescante para las encías adoloridas. Todo este masticar puede desgastar rápidamente los juguetes, así que asegúrate de vigilarlos para asegurarte de que no haya roto ninguna pieza pequeña que pueda ser tragada accidentalmente.

Gruñir y Ladrar

La confianza natural del Rhodesian Ridgeback y su cautela hacia los extraños pueden conducir a problemas de agresión si no se corrigen. Los cachorros que se sienten inseguros o inciertos en una situación pueden gruñir o ladrar a personas o perros extraños, pero esto no debe ser tolerado. Puede ser lindo o divertido que un cachorro de ocho semanas le gruña a tu vecino, pero cuando ese cachorro sea un adulto completamente desarrollado, nadie apreciará tal comportamiento.

Si tu cachorro gruñe o ladra en situaciones inapropiadas, aplaude fuertemente o use un firme "¡No!" para distraerlo. Incluso si tu cachorro está reaccionando por miedo, es importante no abrazarlo o intentar calmarlo. Por tentador que sea, tranquilizar a tu cachorro solo le hará saber que tiene una razón para tener miedo y le enseñará que su reacción es apropiada. Al distraerlo o hacerle saber que su comportamiento es inaceptable, le estás enseñando que tú tienes el control de la situación y que él no necesita preocuparse. Una vez que deje de ladrar, puedes recompensarlo con golosinas o elogios. Con una corrección constante, tu cachorro eventualmente aprenderá que no necesita gruñir a los extraños y la necesidad de corrección se volverá más infrecuente.

Cavar

Cavar es un hábito destructivo y peligroso que tu Rhodesian Ridgeback puede desarrollar. Aunque algunas razas, como los terriers, son más propensas a este comportamiento, cualquier raza puede aprender este mal hábito. Los perros que cavan no solo dañan tu jardín, sino que también pueden dañar sus uñas o incluso ingerir rocas, tierra o palos. Además, también pueden cavar debajo de tu cerca y escapar. Si tienes un paisajismo costoso, el daño causado por un perro que cava puede ser bastante caro también.

Si tu Ridgeback ha comenzado a cavar mientras pasas tiempo afuera, necesitarás supervisarlo cada vez que salga a tu patio o jardín. La corrección constante es la única manera de corregir los malos hábitos y si ocasionalmente le permites salirse con la suya, tomará mucho más tiempo resolver el problema. Al igual que con los gruñidos o ladridos inapropiados, cuando sorprendas a tu perro en el acto de cavar, simplemente aplaude o dile "¡No!". El sonido fuerte y sobresaltante será suficiente para detenerlo de cavar y puede que se aleje para encontrar algo más que hacer. Al principio, es posible que necesites corregirlo varias veces durante cada salida, pero con el tiempo la frecuencia de sus correcciones se reducirá.

Ansiedad por Separación

La ansiedad por separación es una condición seria que puede ser increíblemente difícil de solucionar, por lo que la prevención es clave. Los Rhodesian Ridgeback pueden ser bastante leales a sus familias y pueden desarrollar cualquiera de los comportamientos asociados con la ansiedad por separación cuando se les deja solos en casa. Los síntomas de la ansiedad por separación incluyen jadeo, babeo, caminar de un lado a otro y ladridos excesivos. Si no se corrige, algunos perros pueden desarrollar comportamientos más destructivos como masticar o hacer sus necesidades en la casa. En casos extremos, pueden incluso tratar de escapar de los confines de su jaula, patio o casa. Estos comportamientos no solo son dañinos para tu propiedad, sino que también pueden ser peligrosos para tu perro. Puede lastimarse, ingerir algo tóxico o escapar de tu propiedad. Dependiendo de la gravedad de la ansiedad por separación de tu Ridgeback, es posible que necesites consultar a un adiestrador o especialista en comportamiento profesional.

El paso más importante que puedes dar para prevenir la ansiedad por separación es no hacer un gran problema al salir de tu casa. Puede ser difícil no reconocer la adorable cara de tu perro mientras sales por la puerta, pero es mejor si te saltas la dramática despedida. La misma regla se aplica a tu llegada, independientemente de cuánto tiempo hayas estado fuera. Cuan-

Foto cortesía de Gail Krenn

do llegues a casa, simplemente ignora a tu perro y tómate tu tiempo para guardar tus cosas. Si se emociona cuando sales o regresas, puedes estar recompensando inadvertidamente su ansiedad. En cambio, debes permanecer tranquilo y solo interactuar contu perro una vez que se haya calmado. Si sales de la casa con calma y regresas con calma, él entenderá que no hay razón para que se preocupe mientras tú no estás. También experimentarás el beneficio de llegar a casa con un perro tranquilo, en lugar de uno que corre por la casa y te derriba de emoción.

Escaparse

La habilidad más importante que tu Rhodesian Ridgeback puede aprender es el llamado de regreso. Escaparse es un hábito peligroso que tu perro puede desarrollar por muchas razones. Si tu perro sale disparado por la puerta principal o se aleja de ti en el parque, puede terminar en tragedia. Por lo tanto, enseñar a tu perro a venir cuando se le llama es esencial, independientemente de si está destinado a deportes caninos o como compañero de familia. Si comienzas temprano y usas mucho refuerzo positivo, tienes muchas más posibilidades de atrapar a tu perro si decide perseguir a esa ardilla. Comienza en tu hogar con pocas distracciones y avanza hacia

Foto cortesía de
Stephanie Egger

entornos más distractores. Las correas se pueden encontrar en todas las longitudes posibles para ayudar con el entrenamiento de llamado. Si estás teniendo dificultades con el llamado de tu perro, es posible que desees consultar a un profesional.

Si tu Ridgeback tiene el hábito de ignorarte en la casa, no temas sujetar una correa a su collar y dejar que la arrastre. Siempre que no mastique la correa, no debería molestar en la casa, siempre y cuando la supervises. Si decide ignorarte cuando lo llames, simplemente puedes agarrar la correa y corregir su comportamiento. Esto es especialmente útil si intenta salir corriendo por puertas abiertas, ya que puedes agarrar o pisar la correa antes de que se aleje de ti.

Hora de Dormir

Desarrollar una rutina para la hora de dormir puede tomar semanas o incluso meses de repetición antes de que tu perro entienda lo que se espera de él. Trata de seguir la misma rutina todas las noches para ayudar a tu Ridgeback a desarrollar buenos hábitos a la hora de dormir. El aspecto más importante de su ritual previo a la hora de dormir es mantener la calma. Esto significa no jugar bruscamente, no hacer sesiones de juego o paseos vigorosos. Trata de realizar esas tareas más temprano en el día. Cuanto más puedas

Foto cortesía de
Adam Sexton

hacer con tu Ridgeback temprano en el día, más cansado y tranquilo estará por la noche.

Recuerda sacar a tu Rhodesian Ridgeback para que haga sus necesidades lo más tarde posible antes de acostarte. Muchos dueños hacen de esta la última tarea del día antes de irse a la cama. Sacar a tu perro lo más tarde posible le ayudará a dormir mejor durante la noche. Si es un cachorro, significa que podrás dormir al menos unas horas antes de que necesite salir de nuevo. Los Rhodesian Ridgeback son perros inteligentes y aprenderán rápidamente su rutina, así que trata de sacar a tu perro a la misma hora todas las noches si es posible.

La ubicación de la cama de tu perro también puede marcar la diferencia en cómo se comporta a la hora de dormir. Si puedes colocar la cama, jaula o corral de tu Ridgeback en algún lugar cerca de tu propia cama, puede suceder que se calme más rápidamente. Para muchos perros, dormir tranquilamente es más fácil cuando están cerca de su familia. Como los Rhodesian Ridgeback son naturalmente protectores, encontrarán consuelo en saber que están con su manada.

Dejar a Tu Rhodesian Ridgeback Solo en Casa

Las primeras veces que dejes a su Rhodesian Ridgeback solo en casa pueden ser estresantes, pero con un poco de preparación, puede ser una experiencia positiva tanto para ti como para tu perro. Antes de salir de casa, asegúrate de que tu Ridgeback esté seguro en su área designada o jaula. Dondequiera que elijas dejar a tu perro, ya sea una jaula, un corral o una habitación entera, asegúrate de que no haya peligros potenciales. Es probable que ya hayas preparado esta área para el cachorro, pero no está de más echar un vistazo más para asegurarte de que todavía sea segura.

Para ayudar a tu cachorro a adaptarse a estar solo, intenta dejarlo solo por períodos cortos al principio. Puede ser tan simple como salir por la puerta principal, esperar unos segundos y luego regresar. Tan pronto como se dé cuenta de que tú no lo estás abandonando por completo, debería esperar pacientemente tu regreso sin preocuparse. Las primeras veces que te vayas, puede ladrar o lloriquear, pero esto es normal. A medida que se sienta más cómodo en tu hogar, comenzará a relajarse en su espacio, incluso en tu ausencia.

Salir de tu casa y regresar de manera tranquila son pasos importantes para prevenir la ansiedad por separación. No te preocupes por herir los sentimientos de tu perro al irse sin despedirte. Será un perro adulto me-

jor adaptado si entiende que tu partida y llegada no son motivo de preocupación. Incluso si tu perro se emociona cuando llegas a casa del trabajo o
de hacer recados, es importante que te tomes tu tiempo y lo dejes calmarse
antes de saludarlo. Eventualmente, tu Ridgeback no se preocupará por quedarse solo en casa y podrás salir de casa sabiendo que está feliz y cómodo.

CAPÍTULO 6
Entrenamiento de control de esfínteres

Diferentes opciones para el entrenamiento de control de esfínteres

Antes de traer a tu nuevo perro a casa, ya sea un cachorro o un adulto, necesitas considerar tus opciones para el entrenamiento de control de esfínteres. Incluso los perros adultos que han sido correctamente entrenados pueden tener uno o dos accidentes mientras se adaptan a sus nuevas condiciones de vida. Desarrollar un plan de entrenamiento ayudará a que tú y tu nuevo perro se adapten a una rutina regular, lo que permitirá que tu perro alcance sus objetivos de entrenamiento más rápidamente. El método más común implica enseñar al perro que el único lugar apropiado para hacer sus necesidades es al aire libre. Algunos dueños eligen un lugar específico en su jardín, mientras que otros dejan esa elección al perro.

Los paños descartables para cachorros, las cajas de arena o los parches sanitarios para interiores son excelentes opciones para complementar el entrenamiento tradicional, especialmente con cachorros pequeños y/o si vives en un clima extremadamente caluroso o frío. Desafortunadamente, las opciones para interiores pueden ser un poco más difíciles con Rhodesian Ridgeback adultos. Los Ridgeback son perros grandes y, como tales, producen desechos bastante grandes, lo que puede ser complicado de limpiar. Dicho esto, cuanto más joven sea tu cachorro, con mayor frecuencia necesitará ir al baño, y permitirle tener alternativas a salir afuera ayudará a reducir la cantidad de desechos que tendrás que limpiar. Muchos dueños de Ridgeback optan por tener una o más de estas opciones disponibles para su cachorro, pero aun así planean sacarlo cada pocas horas. Eventualmente, a medida que el cachorro aprende lo que se espera de él, comenzará a usar las opciones interiores con menos frecuencia y estas pueden eliminarse gradualmente.

Otro aspecto del entrenamiento de control de esfínteres que debes considerar es cómo planeas enseñar a tu perro a señalar que necesita salir. Al principio, será necesaria una supervisión constante para que, si ves a tu perro dando vueltas, olfateando o actuando como si necesitara hacer sus necesidades, puedas llevarlo afuera inmediatamente. Sin embargo, también puedes darle la opción de comunicarte cuando necesita salir. Los Rhodesian Ridgeback son perros increíblemente inteligentes que pueden aprender rápidamente cómo decirte lo que necesitan. Muchos dueños optan por colgar campanillas en el picaporte de la puerta que el perro puede tocar con el hocico y que se escuche en toda la casa. Algunos dueños pueden preferir que sus perros rasquen la puerta, pero esto puede dañar ciertos tipos de puertas. Otros simplemente recompensan a su perro por sentarse tranquilamente junto a la puerta cuando necesita salir. Independientemente de cómo decidas enseñar a tu perro, debes ser consistente y recompensarlo por mostrar el comportamiento correcto llevándolo afuera inmediatamente.

Foto cortesía de
Caroline Higgins

Las primeras semanas

Las primeras semanas con tu nuevo Rhodesian Ridgeback son cruciales para su entrenamiento de control de esfínteres. Si se hace correctamente, puedes lograr un gran progreso durante este tiempo, pero si tu entrenamiento es inconsistente, es posible que veas muy poca mejoría. Cuanto más consistente seas en tu rutina diaria, más rápidamente verás progreso. Al principio, necesitarás sacar a tu perro cada pocas horas para evitar que haga sus necesidades dentro de casa. Con el tiempo y un entrenamiento constante, podrás aumentar el tiempo entre salidas. Sin embargo, durante las primeras semanas, debes planear sacarlo cada pocas horas e intentar mantener el mismo horario diario si es posible.

La regla general para el entrenamiento de control de esfínteres es que tu perro puede aguantar una hora por cada mes de edad entre pausas para hacer sus necesidades. Por ejemplo, puedes esperar que un cachorro de

cuatro meses necesite salir aproximadamente cada cuatro horas. Siempre puedes sacar a tu cachorro con más frecuencia si lo deseas, pero esperar más tiempo casi garantiza un accidente en la casa. Desafortunadamente, esta regla se aplica las 24 horas del día, por lo que puedes esperar tener bastantes noches sin dormir durante las primeras semanas con tu cachorro. Sin embargo, una vez que desarrolles una rutina, podrás predecir mejor cuándo tu cachorro necesitará salir y deberías tener menos accidentes en la casa. Los cachorros responden bien a la rutina, por lo que es importante tratar de mantener el mismo horario de pausas para el baño todos los días si es posible.

Es crucial que programes correctamente las pausas para el baño de tu cachorro, especialmente durante las primeras semanas. Intenta sacar a tu cachorro lo más tarde posible antes de acostarte e inmediatamente después de despertarte por la mañana. También debes sacarlo inmediatamente después de regresar a casa y después de cualquier comida. A medida que pases más tiempo con tu cachorro, aprenderás su lenguaje corporal y serás mejor anticipando sus necesidades. Algunos cachorros pueden necesitar salir inmediatamente después de las comidas, mientras que otros pueden necesitar algo de tiempo antes de estar listos para ir baño. Presta atención al lenguaje corporal de tu cachorro y adopta un horario que funcione para ti y tu perro. A medida que adaptes tu horario a las necesidades de tu cachorro y comience a entender lo que esperas de el, los accidentes en la casa deberían volverse menos frecuentes.

Refuerzo positivo

Uno de los métodos más efectivos para entrenar perros es el refuerzo positivo. Este método implica recompensar a tu perro con un estímulo positivo, como elogios o comida, cuando realiza un comportamiento deseado. El refuerzo positivo puede ser una ayuda eficaz en el entrenamiento de control de esfínteres, especialmente durante las primeras etapas cuando tu perro puede estar un poco confundido sobre tus expectativas. Como con todos los demás aspectos del entrenamiento de control de esfínteres, es importante ser consistente en el refuerzo de los comportamientos de tu perro. No necesitas recompensarlo exactamente de la misma manera cada vez que hace sus necesidades en el lugar correcto, pero sí debes recompensarlo. Llevar premios cada vez que sale puede ser molesto, pero siempre puedes usar elogios verbales y caricias para hacerle saber a tu perro que ha hecho un buen trabajo.

Foto cortesía de Kaitlyn Lamping

También debes asegurarte de programar correctamente sus recompensas. Quieres que tu Ridgeback asocie la recompensa con hacer sus necesidades en el lugar correcto, en lugar de simplemente salir. Si tu perro piensa que recibe un premio cada vez que sale, saldrá esperando un premio en lugar de concentrarse en hacer sus necesidades. Puede ser útil usar una frase verbal, como "¡Ve al baño!" para ayudarlo a entender lo que le estás pidiendo. Si estás usando elogios verbales como recompensa, puedes elogiarlo inmediatamente, pero espera hasta que haya terminado antes de darle un premio. Los perros motivados por la comida pueden detenerse en presencia de alimentos, por lo que es mejor esperar hasta que haya terminado antes de entregarle los premios.

Al sacar a tu Rhodesian Ridgeback para que vaya al baño, trata de mantener la calma para mantenerlo enfocado en la tarea en cuestión. El aire libre es un lugar interesante que puede ser muy emocionante para un cachorro. Es posible que quiera jugar o explorar, pero trata de mantenerlo enfocado en hacer sus necesidades al principio. Una vez que lo haya hecho, siéntete libre de emocionarte y recompensarlo con elogios exagerados y tiempo de juego. Si quiere explorar entonces, está bien. Pero si lo dejas jugar o explorar antes de que haga sus necesidades, puede distraerse y abrumarse y olvidarse de ir. Es posible que no recuerde que necesita ir hasta que regrese adentro, lo que significa que tendrás un desastre que limpiar.

Entrenamiento con jaula

Aunque muchos dueños de perros pueden resistirse a la idea de mantener a su perro en una jaula mientras están fuera de casa, las jaulas pueden ser una herramienta increíblemente efectiva en el entrenamiento de control de esfínteres. A la gran mayoría de los perros no les gusta ensuciar la misma área en la que duermen, por lo que el uso de la jaula anima al perro a esperar hasta que sea liberado para hacer sus necesidades. Si permites que tu perro tenga acceso a toda una habitación en tu ausencia, es posible que no tenga problemas para hacer sus necesidades en una esquina y tomar una siesta en otra. Tanta libertad puede ser perjudicial para el progreso del entrenamiento de control de esfínteres de tu perro. Si puede hacer sus necesidades en el interior sin corrección, pero solo en tu ausencia, simplemente aprenderá a esperar hasta que tú te vayas antes de ir al baño.

El entrenamiento adecuado con jaula no significa poner a tu perro en la jaula solo cuando sales de casa. Si constantemente pones a tu perro en la jaula y sales por la puerta, puede asociar su jaula con tu ausencia y comenzar a resistirse a entrar en la jaula. En cambio, trata de animar a tu perro a relajarse en su jaula mientras tú estás en casa. Hazla lo más cómoda posible con mantas o ropa de cama, siempre que no mastique o destruya nada que quede en la jaula. Puedes animarlo a pasar tiempo en la jaula poniéndolo dentro mientras realizas tareas domésticas o ves televisión. Una vez que comience a darse cuenta de que la jaula es un lugar para relajarse y no significa automáticamente que tú te vas, comenzará a pasar tiempo en la jaula por elección. Los perros correctamente entrenados con jaula a menudo eligen tomar sus siestas en su jaula, simplemente porque se sienten cómodos y seguros dentro.

Elegir una jaula de tamaño apropiado es esencial para un entrenamiento exitoso con jaula. Si eliges una jaula que es demasiado grande, puedes encontrar que tu perro tiene más accidentes, simplemente porque tiene espacio para alejarse del desastre. Por otro lado, si la jaula es demasiado pequeña, tu perro puede sentirse apretado e incómodo y puede no estar dispuesto a pasar mucho tiempo en ella. Una jaula de tamaño adecuado le dará a tu perro suficiente espacio para pararse y darse la vuelta cómodamente. Debería poder acostarse de lado sin estar demasiado apretado. Muchas jaulas de alambre vienen con paneles removibles que se pueden colocar adentro para ajustar el tamaño a medida que tu cachorro crece. Esto puede ser más conveniente que comprar una nueva jaula cada vez que tu cachorro tiene un estirón.

Corrales y puertas para perros

Los corrales y las puertas para perros generalmente no se recomiendan durante las etapas iniciales del entrenamiento de control de esfínteres, simplemente porque le dan a tu perro demasiada libertad y pueden retrasar su entrenamiento. Sin embargo, a medida que tu perro progresa en su entrenamiento, es posible que desees darle más espacio que el que ofrece su jaula. Los corrales ofrecen más espacio que una jaula, pero no tanto espacio como para que tu perro se meta en problemas. Pueden ser un gran paso intermedio en el entrenamiento de control de esfínteres y usarse hasta que tu perro sea confiable teniendo más acceso a tu casa. Las puertas para perros son más adecuadas para perros que son más consistentes en su entrenamiento de control de esfínteres. Típicamente, los perros tendrán acceso a una habitación o casa completa además del patio.

Antes de comprometerse a usar un corral o una puerta para perros, debes considerar si tu Ridgeback es lo suficientemente responsable para tener tanta libertad. Si tu cachorro todavía tiene algún accidente ocasional en el interior, es posible que desees seguir usando la jaula durante algunas semanas más hasta que esté listo para la libertad del corral. Las puertas para perros también requieren una consideración importante antes de comprometerse a comprar una. Si tu perro se mete en problemas al aire libre, es posible que no quieras que pueda salir cuando le plazca. También puede traer cosas a su casa que preferirías que se quedaran afuera. Usa tu mejor juicio y considera la etapa actual de entrenamiento de tu perro antes de decidir probar corrales o puertas para perros.

Hay muchos tipos diferentes de corrales para elegir cuando compras para tu cachorro. La mayoría tienen paneles hechos de madera, plástico o alambre, y el tamaño y la forma se pueden ajustar para adaptarse a tu espacio. Algunos tienen puertas y unos pocos tienen partes superiores o inferiores. Los corrales hechos de materiales más ligeros pueden ser movidos por cachorros revoltosos, así que asegúrate de que tu cachorro no pueda derribar los paneles o gatear debajo de ellos. Algunos corrales también tienen puertas o portones, por lo que no tienes que levantar a tu cachorro para meterlo y sacarlo. Muchos perros eventualmente aprenden a saltar los paneles del corral, por lo que es importante vigilar a tu cachorro para asegurarte de que el corral todavía pueda contenerlo. Si descubre cómo escapar, es posible que debas considerar otras opciones.

También hay una variedad de diferentes puertas para perros disponibles para elegir. Puedes encontrar puertas removibles y temporales que se pueden colocar en puertas corredizas de patio. Estas puertas se pueden quitar en cualquier momento, si eliges hacerlo mientras estás fuera de casa por períodos prolongados, por ejemplo. Las puertas permanentes también se pueden instalar en cualquier pared o puerta. Las puertas removibles a menudo hacen que la puerta corrediza sea inutilizable para los humanos, así que considera cuánto uso recibe tu puerta antes de elegir esta opción. Estos tipos de puertas a menudo tienen solapas más pesadas, o incluso dos solapas, para aislamiento. La mayoría de las puertas para perros se pueden cerrar por seguridad. Si tienes otras mascotas, como gatos que viven exclusivamente en interiores, o estás preocupado por los animales callejeros del vecindario y la vida silvestre, considera una puerta que se bloquee selectivamente. Estos tipos de puertas requieren que tu perro use una etiqueta especial en su collar. Cuando la puerta detecta la etiqueta, se desbloquea y permite que el animal pase, pero si se acerca un animal que no lleva el collar, la puerta permanece bloqueada. Independientemente del tipo de puerta que elijas, asegúrate de elegir una que sea lo suficientemente grande como para permitir que tu Ridgeback pase cómodamente, sin tener que agacharse o apretarse. Si la puerta es incómoda, puede ser reacio a usarla.

CAPÍTULO 7
Socialización con Personas y Animales

Importancia de una Buena Socialización

La socialización adecuada es importante por varias razones. En primer lugar, llevar a un perro bien socializado a situaciones nuevas le causará un mínimo de estrés. Los perros correctamente socializados son seguros de sí mismos y están acostumbrados a encontrarse con personas, lugares y animales nuevos. Incluso si está un poco nervioso, un perro bien socializado es más propenso a buscar su tranquilidad, en lugar de entrar en pánico. En segundo lugar, esto asegura que tu perro deje una impresión positiva en las personas sin importar a dónde lo lleves. Será un embajador de la raza y hasta las personas que nunca han conocido a un Rhodesian Ridgeback se enamorarán de la raza. Finalmente, una buena socialización

Foto cortesía de
Stephanie Egger

es esencial para la felicidad general de tu Rhodesian Ridgeback porque significa que puede pasar más tiempo contigo. Podrá acompañarte mientras haces recados, e incluso al trabajo si trabajas en un entorno que acepta perros. También es más probable que lleves a un perro bien educado de vacaciones que a un perro temeroso y nervioso que reacciona de forma exagerada ante situaciones nuevas. La estimulación mental que tu perro obtiene de la socialización y de ir a nuevos lugares lo mantendrá feliz. Hacer nuevos amigos y jugar con ellos también lo mantendrá en forma.

Una buena socialización es tan simple como exponer a tu Rhodesian Ridgeback a experiencias positivas con nuevas personas, lugares y animales. Si bien es mejor socializar a los cachorros cuando son jóvenes, la socialización puede realizarse a cualquier edad. Ten precaución en cualquier situación que sientas que podría abrumar a tu perro o dejarle una impresión negativa. Si la primera exposición de un perro a algo nuevo le causa miedo, puede recordar ese sentimiento y entonces necesitarás trabajar

65

para superar su temor, en lugar de progresar en su socialización. Por ejemplo, los parques para perros pueden parecer un lugar divertido para socializar a tu perro, pero muy pocos dueños prestan mucha atención al lenguaje corporal de su perro y las situaciones pueden escalar rápidamente. Carol Vesely de Northstar Rhodesian Ridgebacks aconseja: "Socializa a tu cachorro solo en entornos controlados donde conozcas a los otros animales y sus dueños". Incluso si tu perro no resulta herido, hasta el más pequeño altercado podría dañar la confianza de tu perro alrededor de perros o personas desconocidas.

Introduce a tu perro en situaciones nuevas lentamente. Organiza algunas citas de juego con amigos o familiares que tengan perros o niños. Preséntale a un animal o persona a la vez y asegúrate de darle un poco de espacio si parece inseguro. Presionar a tu perro para que socialice más rápido de lo que está preparado puede hacer que reaccione a situaciones nuevas con ansiedad.

Comportamiento Alrededor de Otros Perros

Los Rhodesian Ridgebacks son perros seguros y alegres, pero pueden ser cautelosos con perros extraños si no han sido debidamente socializados. La mayoría de los Ridgebacks están felices de hacer nuevos amigos, pero es importante vigilar el lenguaje corporal de tu perro durante todas las interacciones con otros perros, especialmente si esos perros son significativamente más pequeños. Los Rhodesian Ridgebacks son perros grandes con mandíbulas poderosas, y pueden causar mucho daño a un perro de cualquier tamaño, por lo que es crucial prevenir peleas. Si tu perro tiene tendencia a mostrar comportamiento agresivo alrededor de otros perros, no temas consultar a un adiestrador profesional o a un especialista en comportamiento si es necesario. Cuanto antes se corrija el comportamiento agresivo, menos probable será que tu perro se vea involucrado en una pelea seria.

Al presentar a dos perros, recuerda que un rabo meneando no siempre significa que un perro esté feliz. Entender el lenguaje corporal canino es clave para prevenir comportamientos agresivos. Los perros amistosos se acercarán entre sí con una postura relajada y colas meneando. Se olfatearán con interés, pero no de manera intensa. Pueden entonces adoptar una postura juguetona, o simplemente separarse. Los perros poco amistosos estarán más tensos en su lenguaje corporal. Mantendrán sus cabezas altas y rígidas, y aunque pueden estar meneando sus colas, el resto de su cuerpo estará tenso. Los perros más agresivos también pueden gruñir o mostrar sus dientes. Los perros temerosos pueden lamerse los labios o bajar sus cabezas en señal de sumisión. Se agazaparán y meterán la cola entre las patas. Si un perro muestra comportamiento temeroso, no te deje engañar pensando que no hay posibilidad de pelea. El miedo puede escalar fácilmente a agresión, especialmente si el otro perro presiona los límites del perro temeroso. Si tu Ridgeback o el perro que le estás presentando muestran un lenguaje corporal que no sea amistoso, quizás debas reconsiderar la presentación o permitir que los perros tengan más espacio antes de intentarlo de nuevo.

Tu propio lenguaje corporal también puede influir en cómo reacciona tu perro durante las presentaciones. Si tú estás temeroso o estresado, puedes estar tensando tu cuerpo o agarrando firmemente la correa. Tu perro sentirá tu tensión y puede pensar que tú sabes algo que él no. Cuanto más relajado estés, más probable será que tu perro se acerque a otros per-

Foto cortesía de Cheryl Clinton

*Foto cortesía de
Adam Sexton*

ros como potenciales amigos en lugar de posibles enemigos. Incluso si no estás seguro de una situación, mantente tranquilo y confiado para influir en tu perro para que haga lo mismo.

Formas de Socializar a tu Rhodesian Ridgeback con Otras Mascotas

Exponer a tu Rhodesian Ridgeback a una variedad de otras mascotas, incluso si es el único animal en tu hogar, lo convertirá en un compañero más seguro de sí mismo. Podrás llevarlo a cualquier lugar sin temor a que muestre miedo o agresión hacia otros animales. Algunos Rhodesian Ridgebacks tienen un alto instinto de presa, por lo que pueden tardar más en adaptarse a animales más pequeños como los gatos. Muchos Ridgebacks viven cómodamente en hogares con múltiples mascotas o incluso en granjas, pero se necesita tiempo y consistencia para que se adapten a vivir de manera segura con otros animales. Recuerda, por muy dulce que sea tu perro, los perros son depredadores y se debe tener precaución al presentarlos a otros animales. Tómate tu tiempo y no presiones a tu perro o a la otra mascota más allá de lo que se sientan cómodos. Si alguno de los animales muestra un lenguaje corporal temeroso o agresivo, interrumpe la presentación inmediatamente y dé a los animales algo de espacio.

Independientemente de si estás presentando a tu Rhodesian Ridgeback a un hámster o a un caballo, es importante mantener a todos los animales controlados por su propia seguridad. De esta manera, si algo sale mal, puedes controlar a los animales y separarlos rápidamente si es necesario. También puede ser útil presentar a tu perro a nuevos animales en territorio neutral. Algunos Ridgebacks pueden ser bastante territoriales, por lo que las presentaciones es mejor hacerlas en un área que no sea frecuentada por tu perro. Esto también ayudará a evitar que el otro animal sienta que debe defender su territorio contra tu Ridgeback.

Hasta que estés seguro de que puedes predecir el comportamiento de tu Ridgeback alrededor de otros animales, nunca debes dejarlo sin supervisión con otras mascotas. Es posible que necesites observar las interacciones de tu perro durante varias semanas o incluso meses antes de sentirte cómodo dejándolo solo con ciertos animales. Algunos perros pueden no ser nunca confiables alrededor de animales más pequeños como conejos o roedores domésticos. En el caso de animales más grandes, como el ganado, tanto los cachorros como los perros adultos pueden resultar gravemente heridos o incluso morir. Los Ridgebacks pueden ser bastante intrépidos y también pueden herir o matar animales más grandes que ellos si se asustan o se vuelven agresivos hacia otros animales. Usa tu mejor juicio para determinar cuándo y si puedes confiar en que tu perro se quede solo con otros animales.

Saludando Correctamente a Nuevas Personas

Con una socialización adecuada, los Rhodesian Ridgebacks son perros seguros y amistosos. Sin embargo, pueden ser algo reservados con extraños si no se les ha enseñado que las personas nuevas son potenciales nuevos amigos. Enseñar a tu Ridgeback a saludar adecuadamente a extraños es clave para avanzar hacia tener un perro bien socializado. Si tienes un cachorro tímido o un adulto que no ha sido muy socializado, es posible que necesites presentar a los extraños lenta y metódicamente. Algunos perros pueden tener particular miedo a los hombres o a los niños y pueden necesitar tiempo adicional dedicado a esos tipos de presentaciones. Es importante presentar a tu perro a tantos tipos diferentes de personas como sea posible para acostumbrarlo a las realidades de la vida entre humanos. Cuanto mayor sea la variedad de personas que puedas presentar a tu perro, menos probable será que tenga una reacción negativa hacia extraños y más seguro estará mientras te acompaña en su vida diaria.

La mejor manera de presentar a tu perro a nuevas personas es permitirle que se acerque a ellas por sí mismo. Empujarlo hacia extraños o tirar de el hacia ellos con una correa es probable que cree tensión y ansiedad, preparando la presentación para el fracaso. Si tu Ridgeback parece incómoda, pide a las nuevas personas que lo dejen olfatearlos un poco antes de que intenten acariciarlo. Extender la mano hacia un perro temeroso puede hacer que se defienda. Si tu perro está en el otro extremo del espectro y es bastante entusiasta acerca de conocer a nuevas personas, es posible que necesites trabajar para mantenerlo tranquilo. A la mayoría de las personas no les gusta que los perros salten sobre sus regazos y les laman la cara al saludar, por lo que debes enseñar a tu perro a saludar a las personas con calma y respeto. Mantener a tu perro con correa durante las presentaciones te ayudará a controlarlo. Pide a tu perro que se siente educadamente antes de permitir que las nuevas personas lo acaricien. Puede que sean necesarias algunas repeticiones para que tu perro aprenda que debe sentarse tranquilamente antes de poder saludar, pero eventualmente aprenderá que solo puede obtener la atención de nuevas personas esperando pacientemente a que ellas lo saluden primero.

Si tu perro parece temeroso al conocer a nuevas personas, es crucial que no lo consueles durante este tiempo. Consolar a un perro temeroso no le dará confianza, solo le asegurará que debe preocuparse por la situación. En su lugar, puede que necesites corregirlo por gruñir o ladrar. También puedes intentar distraer a tu perro pidiéndole que se siente o se centre en ti. Puedes hacer que la nueva persona le ofrezca golosinas para animarlo a acercarse. Recuerda usar mucho refuerzo positivo cuando tu Ridgeback se comporte apropiadamente.

Rhodesian Ridgebacks y Niños

Los niños y los perros pueden ser compañeros ideales, pero se debe dedicar mucha preparación y supervisión a su interacción al principio para asegurar una relación segura y amistosa. Los Rhodesian Ridgebacks son perros grandes y pueden fácilmente derribar o accidentalmente herir a un niño, especialmente a un niño pequeño. También se debe tener cuidado de educar a los niños sobre la forma correcta de interactuar con los perros. Algunos perros no responden bien a los juegos bruscos o al afecto excesivo, por lo que la supervisión es esencial para mantener a todos seguros y cómodos.

Antes de presentar a tu Rhodesian Ridgeback a tus hijos, debes tener una conversación con los niños sobre la manera correcta de tratar a un perro. Si esperas hasta la presentación real para tener esta discusión, puedes encontrar que los niños están demasiado obnubilados por la presencia del adorable perro como para escucharte. Los niños más pequeños pueden no entender que están lastimando al perro al tirar de sus orejas o cola, y el perro puede responder con miedo o agresión. Debes explicar a los niños que deben ser gentiles con el perro y tratarlo con respeto. No deben intentar trepar sobre perros adultos o tratar de levantar a los cachorros. Una vez que estés seguro de que entienden las reglas de interacción con un perro, entonces puedes presentarles a tu nuevo miembro de la familia.

Los niños y los cachorros pueden resultar fácilmente abrumados con la emoción de la primera presentación, por lo que es importante que vayas despacio y supervises la interacción de cerca. Estate preparado para corregir el comportamiento tanto de los niños como del perro si es necesario. Si las cosas se salen de control, siempre puedes pedir a todos que tomen un descanso e intenten de nuevo más tarde. Es posible que necesites hacer varias sesiones cortas antes de que todos estén lo suficientemente tranquilos para interactuar responsablemente. Asegúrate de usar mucho refuerzo positivo y elogia tanto a los niños como al perro cuando jueguen con calma y apropiadamente. Si tu perro muestra signos de miedo, puede que necesite que los niños intenten darle algunas golosinas para animarlo a interactuar.

Bajo ninguna circunstancia debes dejar a tus hijos y a tu nuevo perro sin supervisión durante las primeras semanas o incluso meses juntos. Los accidentes pueden ocurrir en un abrir y cerrar de ojos y solo la supervisión adecuada puede prevenir una tragedia. La mayoría de las veces, las lesiones son puramente accidentales, pero cuanto más excitados y bulliciosos se pongan todos, más probable es que termine en lesión. Para evitar que los niños o el perro se lastimen, es mejor vigilar a todos hasta que puedas confiar en que pueden jugar juntos de manera segura.

CAPÍTULO 8
Rhodesian Ridgebacks y Tus Otras Mascotas

Cómo Presentar Tu Nuevo Cachorro a Otros Animales

Cuando presentes por primera vez tu nuevo cachorro de Rhodesian Ridgeback a otros animales, debes asegurarte de dedicar suficiente tiempo al proceso y no apresurar la interacción. Tu cachorro o el otro animal pueden mostrar signos de incomodidad o ansiedad al principio, así que intenta permitirles verse u olerse desde cierta distancia. A medida que se acostumbren el uno al otro, puedes disminuir la distancia entre ellos hasta que se encuentren cara a cara. Sin embargo, permite que los animales se acerquen solo hasta donde se sientan cómodos. Apresurar la presentación puede asustar a tu cachorro o al otro animal, y requerirá más tiempo y trabajo de tu parte para que se acostumbren el uno al otro.

La sujeción es uno de los aspectos de seguridad más importantes en cualquier presentación. Tu cachorro necesita estar sujeto para mantenerlo bajo control y para poder sacarlo de una situación si algo sale mal. Lo mismo se aplica al otro animal, sin importar qué especie estés presentando a tu cachorro. Puede ser útil mantener una barrera entre tu cachorro y los animales grandes. De esta manera, ninguno de los animales puede descontrolarse y lastimar al otro.

La supervisión adecuada es esencial para cualquier presentación. Hasta que sepas cómo reaccionará tu cachorro ante otros animales y cómo responderán los otros animales a tu cachorro, no debes dejarlos solos juntos ni por un momento hasta que estés seguro de que nada saldrá mal.

Mentalidad de Manada

Los perros son animales de manada y, como tales, prefieren tener una jerarquía estructurada en su grupo familiar. Los perros son animales sociales que encuentran comodidad en las reglas y limitaciones establecidas por el líder de su grupo. La mayoría de los perros prefieren ser seguidores en lugar de líderes, pero algunos perros son más dominantes e intentarán tomar el control con más frecuencia que sus contrapartes más sumisas. Los perros dominantes intentarán desafiarte como líder con mucha más frecuencia que los perros sumisos, así que ten en cuenta que la personalidad individual de tu perro afectará la facilidad con la que acepte su posición en tu manada. Ya sea que tengas un perro o diez, debes dejar claro que tú eres el líder de la manada. Un perro sin reglas ni limitaciones puede ser peligroso. Los Rhodesian Ridgebacks en particular pueden ser un peligro para sí mismos y para los demás si se les permite dominar el hogar.

Puede ser fácil permitir que tu adorable nuevo cachorro se salga con la suya en ciertos comportamientos, pero debes tener en cuenta que tu perro puede llegar a pesar hasta 40 kilos cuando sea adulto. El comportamiento travieso o exuberante no es tan lindo cuando tu perro es lo suficientemente grande como para derribarlo o lesionarlo. Acciones como gruñir a extraños,

Foto cortesía de
Stephanie Egger

Foto cortesía de Jamie Zimmermann

proteger recursos o negarse a moverse del sofá cuando se le pide, son comportamientos que pueden escalar a problemas más serios si no se corrigen. Si puedes controlar el comportamiento de tu Ridgeback mientras aún es joven, será mucho más fácil corregirlo que cuando sea un adulto completamente desarrollado. No temas consultar a un adiestrador o especialista en comportamiento si comienzas a tener dificultades con el comportamiento dominante de tu perro. Es mejor buscar ayuda desde el principio antes de que el comportamiento se intensifique.

En el entorno natural de manada de un perro, al líder se le permite hacer lo que quiera. Come primero, duerme donde le gusta y nunca tiene que apartarse del camino de otros perros. Como líder de la manada en tu hogar, debes comportarte de manera similar al líder de perros en la naturaleza para mantener su posición. Necesitas establecer límites y hacerlos cumplir de manera consistente. Nunca patees, golpees o grites a tu perro para corregirlo. Es más probable que se asuste y confunda a que entienda que ha hecho algo mal. En cambio, enseña a tu perro el significado de la palabra "no" y utiliza un lenguaje corporal seguro. Si le pides a tu perro que se baje del sofá y no responde, debes moverlo tú mismo. Pide a tu perro que se siente y espere educadamente su comida a la hora de comer. Incluso puedes colocar la comida frente a él y pedirle que espere su señal antes de que se le permita comer. También debes evitar que tu Ridgeback se apresure a pasar por una puerta delante de ti. En un entorno natural de manada, los perros dependen de este orden social para mantener una manada tranquila y estable. Tu hogar y familia deben reflejar esto, así que asegúrate de que todos los miembros humanos de tu familia refuercen constantemente tu posición en la manada. Incluso los niños pueden ser líderes de manada tranquilos y asertivos, así que asegúrate de que tus hijos también entiendan las reglas.

Peleas/Mal Comportamiento

El comportamiento agresivo debe corregirse a la primera señal. Si se permite que tu Rhodesian Ridgeback muestre un comportamiento agresivo, este escalará hasta convertirse en una pelea real. Puede comenzar con tu cachorro gruñendo a otro perro por acercarse a un plato de comida o juguete. Si no corriges esta acción aparentemente pequeña, tu perro puede sentirse cómodo mordiendo al otro perro la próxima vez. Los Rhodesian Ridgebacks son perros grandes con mandíbulas poderosas, e incluso una mordida rápida puede ser suficiente para lesionar gravemente o incluso matar a otro perro, especialmente si es significativamente más pequeño. La agresión no comienza con una pelea total; comenzará de manera pequeña y se intensificará hasta llegar a la violencia. El comportamiento agresivo debe tratarse de inmediato, por lo que si no sientes que puedes manejar el comportamiento de tu perro por tu cuenta, debes buscar ayuda profesional.

Si ves que tu cachorro comienza a mostrar un comportamiento agresivo o empieza a intimidar a otro perro, puedes corregir su comportamiento con un aplauso fuerte, un pisotón o un firme "¡No!". Esto sorprenderá a tu Ridgeback y lo distraerá antes de que su comportamiento pueda escalar. Puedes continuar distrayéndolo pidiéndole que se siente o se acueste. Hacer que se concentre en ti en lugar del otro perro ayudará a disipar la tensión y, con suerte, evitará una pelea.

La clave para prevenir una pelea entre perros es determinar qué está desencadenando el comportamiento agresivo de tu perro en primer lugar. Si no puedes averiguar por qué tu perro está actuando así, nunca podrás resolver completamente el problema. Si notas que tu perro solo se vuelve agresivo cuando otro perro se acerca a sus juguetes o plato de comida, sabes que está lidiando con la protección de recursos y puedes usar esa información para formar un plan, como separar a los perros para alimentarlos.

Si tu perro se mete en una pelea real, ten extrema precaución al intentar separarlos. Nunca agarres a un perro en una pelea con las manos desnudas. Un perro que está peleando a menudo se dará la vuelta y te morderá sin tomarse el tiempo para considerar sus acciones. No reconocerá que eres tú en este estado mental intensificado. Dependiendo de la intensidad de la pelea, es posible que puedas detenerla con un ruido fuerte. Aplaudir, pisar fuerte o golpear platos de comida entre sí funciona bien. Este es el único momento en que es apropiado gritarle a tu perro. Rociar o salpicar a los perros con agua también puede ser un método efectivo para detener una pelea. El agua no lastimará a los perros, pero será lo suficientemente sorpresiva como para que puedan dejar de pelear. Si absolutamente debes intervenir físicamente, decide cuál perro es el agresor y agarra a ese perro por las patas traseras. Una vez que tengas las patas del perro, aléjalo rápidamente del otro perro. Si no lo haces lo suficientemente rápido, es posible que pueda darse la vuelta y morderte. Una vez que hayas separado a los perros, rápidamente restrínjelos o sepáralos antes de que puedan comenzar a pelear nuevamente.

Foto cortesía de Steve Warwick

Criar Varios Cachorros de la Misma Camada

Criar a tu Rhodesian Ridgeback junto con un hermano de camada puede parecer una idea atractiva, especialmente si no tienes otras mascotas en el hogar. Tu cachorro podría sentirse más cómodo mudándose a un nuevo hogar si tiene un hermano o hermana que le haga compañía. No tendrás que preocuparte por presentarlo a un perro mayor que podría ser resistente al cambio. Tampoco tendrás que preocuparte por dejar a tu cachorro solo en casa, sabiendo que tiene a alguien que le haga compañía. También pasarás menos tiempo ejercitando a tu cachorro porque tendrá un compañero de juegos las 24 horas del día, los 7 días de la semana.

Sin embargo, hay muchas desventajas en criar varios cachorros de la misma camada. Más cachorros significan más desorden. También necesitarás dedicar más tiempo a la supervisión y el adiestramiento. Los perros que han estado unidos desde el nacimiento son excelentes amigos, pero si alguna vez necesitas separarlos, puede ser un problema. Si necesitas llevar a uno al veterinario, por ejemplo, puede suceder que entren en pánico o experimenten ansiedad por separación cuando estén separados. También pueden sentirse más temerosos o inseguros cuando están solos, ya que generalmente tienen a su hermano de camada a su lado para aumentar su confianza. Otra preocupación es que si tus Ridgebacks desarrollan malos hábitos por cualquier motivo, tendrás varios perros que potencialmente podrían desarrollar el hábito y puede ser significativamente más difícil romper los malos hábitos en varios perros.

Las mayores preocupaciones al considerar si debes llevar a casa varios perros son el tiempo y el dinero. Necesitas considerar cuidadosamente cuánto estás dispuesto a comprometerse con tus perros. Si tienes otras obligaciones en tu vida, como trabajo y familia, criar a un solo cachorro puede ser lo suficientemente difícil. El entrenamiento para hacer sus necesidades puede ser un proceso especialmente largo con varios cachorros.

Si decides adoptar hermanos de camada, la mayoría de los expertos recomiendan adiestrar a los cachorros juntos y por separado. Adiestrarlos juntos te ayudará a ganar control sobre ellos cuando necesites pasearlos juntos, por ejemplo. Les enseñará a comportarse bien como una unidad y ayudará a aumentar su confianza en situaciones nuevas. Sin embargo, también necesitas dedicar mucho tiempo a adiestrarlos por separado para prevenir la ansiedad por separación y darles más confianza cuando estén solos contigo.

Otra opción que puedes considerar es adoptar un Rhodesian Ridgeback ahora y otro en una fecha posterior. Esto te da la oportunidad de que un perro se establezca en tu hogar y en su rutina diaria antes de introducir otro. Podrás comenzar con el adiestramiento del primer perro y no necesitarás trabajar con dos perros completamente sin adiestrar al mismo tiempo. Tener un perro un poco mayor en la familia también le dará al segundo perro un modelo a seguir. Puede mirar a su compañero mayor para obtener seguridad en situaciones nuevas. Adoptar perros en diferentes momentos también te dará la oportunidad de considerar seriamente si estás dispuesto a asumir la responsabilidad de tener varios perros.

Opciones si Tus Mascotas No Se Llevan Bien

Algunas mascotas necesitan más tiempo para adaptarse a un nuevo compañero que otras, así que si tus mascotas más antiguas no se llevan bien con tu Rhodesian Ridgeback de inmediato, no te preocupes todavía. No apresures sus presentaciones y no tomes decisiones serias sobre la situación hasta que hayas dado a tus mascotas el tiempo adecuado para adaptarse a sus nuevos arreglos de vida. Puede tomar varias semanas, o incluso

meses, antes de que puedas confiar en que tus mascotas estarán seguras si se dejan solas juntas. Al principio, es posible que debas limitar la cantidad de tiempo que tus mascotas antiguas pasan con tu nuevo cachorro. Si tienes perros mucho mayores, Sandra Fikes de Kalahari Rhodesian Ridgebacks sugiere: "Nunca permitas que los cachorros acosen a los perros viejos. No es justo para ellos, así que cuando el mayor haya tenido suficiente, dale una salida o lleva al cachorro a otra actividad". Compartir espacio y afecto puede ser difícil para algunas mascotas y simplemente pueden necesitar más tiempo para acostumbrarse a la situación.

Puede ser angustiante considerar renunciar a una mascota querida en caso de que tus mascotas no se lleven bien. Si esto no es algo que estés dispuesto a considerar, necesitas desarrollar un plan para minimizar las interacciones de tus mascotas. Es posible que tengas que hacer esto por el resto de sus vidas, por lo que debes considerar cuidadosamente si estás dispuesto a dedicar tanto tiempo y esfuerzo. Deberás asegurarte de que cada mascota tenga un espacio separado y que les des a cada una la misma cantidad de tiempo y afecto. Puede ser agotador manejar dos o más mascotas en el mismo hogar mientras las mantiene separadas, así que antes de tomar esta decisión, piensa si estás dispuesto a proporcionar ese nivel de cuidado para ellas y si realmente es la mejor decisión para tu felicidad y bienestar.

Si decides que no puedes manejar a tus mascotas por separado en tu hogar durante el resto de sus vidas, deberás encontrar otro hogar para una de tus mascotas. Muchas mascotas simplemente se desenvuelven mejor en un hogar con una sola mascota, mientras que otras solo necesitan un entorno diferente. Puede ser una decisión desgarradora renunciar a una mascota querida, pero como dueño de una mascota, es tu responsabilidad tomar las mejores decisiones para tus animales. La felicidad y el bienestar de todas sus mascotas deben ser tu prioridad.

CAPÍTULO 9
Ejercicio Físico y Mental

Requisitos de Ejercicio

Con solo mirar a un Rhodesian Ridgeback, podrás notar que esta raza es capaz de increíbles proezas atléticas. Sin embargo, a pesar de su apariencia atlética, no necesitan horas de ejercicio físico para comportarse adecuadamente en tu hogar. Dicho esto, el ejercicio físico y mental es crucial para la salud general de tu perro. Los perros que no reciben suficiente actividad física son propensos al aumento de peso y a condiciones de salud relacionadas con el sobrepeso.

Carol Vesely de Northstar Rhodesian Ridgebacks afirma: "No necesitan correr 16 kilómetros todos los días. Un paseo de un par de kilómetros diarios y algunas clases de adiestramiento para estimularlos mentalmente y serán muy fáciles de manejar en casa". Por supuesto, si tú corres 16 kilómetros todos los días, tu Rhodesian Ridgeback te acompañará con gusto. Los perros bien ejercitados también tienen más probabilidades de

*Foto cortesía de
Stephanie Egger*

concentrarse en ti durante las sesiones de adiestramiento, tanto en casa como en la ciudad.

La cantidad exacta de ejercicio que tu perro necesita dependerá de varios factores. La edad, el nivel de energía y la salud general de tu Ridgeback influirán en cuánto ejercicio diario necesita para mantenerse en forma y feliz. La mayoría de los expertos recomiendan entre 30 minutos y dos horas de actividad cada día. Este tiempo puede incluir caminatas, excursiones, trote, juegos o participación en deportes caninos como agility u obediencia. Para los cachorros jóvenes, es mejor distribuir este tiempo en varias sesiones a lo largo del día. Demasiada actividad física de una sola vez puede dañar permanentemente las articulaciones en desarrollo, así que intenta mantener a tu perro ocupado con varias sesiones de 15 minutos de trabajo o juego durante el día. A medida que tu perro madura, puede aumentar la duración de cada sesión de ejercicio o adiestramiento. Idealmente, deberías darle a tu perro la oportunidad de ejercitarse dos veces al día, especialmente si estás fuera de casa durante largos períodos durante el día. Un perro cansado tiene más probabilidades de descansar pacientemente mientras tú estás en el trabajo, y de calmarse a la hora de dormir por la noche.

Independientemente de cuánto ejercicio físico reciba tu Rhodesian Ridgeback, también debes poder estimularlo mentalmente de forma regular. El ejercicio mental es especialmente importante para perros mayores o aquellos con limitaciones físicas. El hecho de que sus cuerpos ya no puedan mantener el ritmo no significa que sus mentes no necesiten estimulación regular. Para evitar el aburrimiento, intenta realizar varias sesiones cortas de adiestramiento a lo largo del día. Para cachorros jóvenes, mantén las sesiones cortas, no más de cinco minutos aproximadamente. Para perros adultos, son ideales sesiones de unos 15 a 20 minutos cada vez. Si duran más tiempo, tu perro puede perder la concentración. El ejercicio mental puede ser bastante agotador, por lo que es posible que notes que tu perro se cansa más rápidamente cuando tiene que usar su mente. También puedes probar varios juguetes de rompecabezas o de premios diseñados para mantener la mente de tu perro ocupada mientras usted realiza otras tareas. Participar en deportes caninos, como agility o coursing, es una excelente manera de ejercitar la mente y el cuerpo de tu Rhodesian Ridgeback.

Diferentes Tipos de Ejercicio para Probar

Los Rhodesian Ridgebacks son atletas naturales que sobresalen en muchos tipos diferentes de deportes caninos. Si nunca has competido en deportes caninos antes, puedes considerar probar algunos para ver cuáles prefieren tú y tu perro. Entrenar y competir con tu perro no solo los mantendrá a ambos física y mentalmente en forma, sino que el tiempo que pasen juntos fortalecerá su vínculo y mejorará su relación.

Foto cortesía de Cheryl Clinton

Uno de los deportes más populares para los dueños de perros de todas las razas es la obediencia. Este deporte requiere que los guías caminen o troten a través de un recorrido y realicen una variedad de tareas como sentarse, quedarse quieto o tumbarse. Hay diferentes niveles de dificultad para perros y guías. En los niveles más bajos, las tareas son más simples y se realizan con el perro con correa. En niveles más avanzados, las tareas se vuelven más difíciles y se realizan sin correa. La obediencia de rally también está ganando popularidad y tiende a ser más rápida que la obediencia tradicional. El recorrido de 10-20 tareas está marcado por señales, y los guías y perros deben trabajar juntos para completar el recorrido de manera rápida y precisa.

El dock diving (salto desde muelle) es un deporte nuevo y divertido que es ideal para perros amantes del agua. Los perros compiten saltando a una piscina de agua uno por uno tras un juguete flotante. El dock diving no es un deporte que dependa de la velocidad de un perro, sino más bien de su fuerza y capacidad de salto. Se cuelga un juguete sobre una piscina de agua frente a una plataforma. Cuando el guía libera al perro, este puede tomar impulso corriendo y luego saltar sobre el agua para agarrar el juguete. El perro que salta más lejos gana la competición.

El flyball es un deporte emocionante y rápido, ideal para razas atléticas como el Rhodesian Ridgeback. Los perros compiten en equipo, corriendo sobre obstáculos uno a la vez para saltar sobre una caja que libera una pelota de tenis. Los perros atrapan la pelota, luego corren de regreso al punto de partida y una vez que cruzan la línea, se libera al siguiente perro.

Este es un evento cronometrado y gana el equipo más rápido, por lo que la velocidad y la agilidad son esenciales.

El lure coursing (persecución de señuelo) es un deporte popular entre los dueños de Rhodesian Ridgebacks debido al instinto de caza natural de la raza. El lure coursing le da a tu perro la oportunidad de sentir la emoción de perseguir a una presa, pero en un entorno seguro y controlado. La "presa" es un señuelo plástico mecánico que se arrastra alrededor de un recorrido en un patrón zigzagueante que representa la ruta natural de un conejo o ardilla en fuga.

Si estás buscando mantenerte en forma junto con tu perro, puede considerar probar el Canicross. Las razas rápidas y atléticas como el Rhodesian Ridgeback sobresalen en el Canicross. Los perros usan arneses, similares a los de los perros de trineo, que están conectados a una correa elástica. La correa luego se conecta a la bicicleta del guía o a un arnés usado alrededor de la cintura del guía. El perro corre una distancia específica, tirando del guía ya sea a pie o en bicicleta. Las distancias y el terreno pueden variar de una carrera a otra, pero el Canicross es una forma desafiante y divertida de mantenerse en forma y fortalecer el vínculo con tu perro.

Foto cortesía de Nicola King

Foto cortesía de Andrea Gorog

Importancia del Ejercicio Mental

Mantener activa la mente de tu Rhodesian Ridgeback es crucial para mantenerlo concentrado en su adiestramiento y alejado de problemas. Sin suficiente ejercicio mental, tu Ridgeback puede buscar entretenerse desarrollando comportamientos groseros y destructivos. Una vez que un perro experimenta la recompensa inherente de hurgar en el cubo de basura o escapar del patio, puede llevar semanas o incluso meses de adiestramiento firme y constante para romper el hábito. En lugar de tener que solucionar el problema, muchos malos hábitos pueden prevenirse proporcionando a tu perro formas seguras y apropiadas de entretenerse. A menudo, la estimulación mental agotará a un perro en un período de tiempo mucho más corto de lo que lo haría el ejercicio físico. Muchos perros necesitan un descanso después de solo 15 a 20 minutos de concentración intensa.

La estimulación mental es especialmente importante para perros con limitaciones físicas. Los cachorros jóvenes, por ejemplo, no deben ser ejercitados vigorosamente hasta que sus placas de crecimiento se hayan cerrado, generalmente alrededor de los 18 meses de edad. Muchos perros mayores están limitados por condiciones como la artritis o la falta de forma física. Los perros con limitaciones físicas generalmente no tienen limitaciones mentales, por lo que mantenerlos ocupados de una manera que no estrese su cuerpo es crucial. Los juguetes de rompecabezas o deportes como el trabajo de olfato o la obediencia son excelentes maneras de trabajar la mente de tu perro sin poner demasiada tensión en su cuerpo. Los perros son capaces de aprender nuevos trucos y tareas a cualquier edad, así que no temas enseñarle algo nuevo a tu perro mayor.

Como se mencionó anteriormente, la estimulación mental a menudo puede cansar a un perro mucho más rápido que la estimulación física. Los perros que son físicamente capaces de correr durante horas pueden necesitar un descanso después de solo 15 minutos de adiestramiento intenso, así que trata de mantener tus sesiones cortas. Los perros más jóvenes pueden necesitar sesiones de adiestramiento aún más cortas, generalmente no más de cinco minutos aproximadamente. Si continúas el adiestramiento más allá del punto de agotamiento de tu perro, puede estar desenfocado y desmotivado cuando comiences la próxima sesión. Si notas que tu perro se cansa alrededor de los 15 minutos, puedes intentar terminar alrededor de los 12 o 13 minutos, antes de que pierda el enfoque. De esta manera, podrás terminar con una buena nota y él estará más comprometido en su próxima sesión.

Consejos para Mantener Ocupado a tu Rhodesian Ridgeback

Dado que muchos Rhodesian Ridgebacks están motivados por la comida, esconder alimentos en lugares interesantes es una de las mejores maneras de mantener a tu perro ocupado hasta que puedas proporcionarle la supervisión adecuada. Si te preocupan las calorías adicionales, siempre puedes usar una pequeña porción de las croquetas diarias de tu perro en estas actividades. Algunos dueños incluso optan por darles a sus perros todas sus comidas usando juguetes de rompecabezas, solo para mantenerlos ocupados durante períodos más largos. Vigila de cerca la cintura de tu perro y usa tu mejor criterio para determinar si debes usar premios adicionales o una porción de croquetas para entretener a tu perro.

Tu tienda de mascotas local o tu minorista en línea favorito probablemente tiene una selección de juguetes de rompecabezas de madera o plástico. Estos juguetes pueden rellenarse con pequeños premios o trozos de croquetas y tu perro debe trabajar para sacar la comida. Los juguetes de rompecabezas generalmente tienen una variedad de solapas, tazas, perillas o puertas deslizantes que tu perro debe navegar para alcanzar la comida. También vienen en diferentes niveles de dificultad, por lo que a medida que tu perro aprende a resolver el rompecabezas, siempre puedes aumen-

Foto cortesía de Liesl Kruger

tar el desafío con un nuevo juguete. Muchos dueños optan por tener varios tipos diferentes de juguetes de rompecabezas que rotan regularmente para mantener a sus Ridgebacks estimulados y desafiados. Los juguetes de rompecabezas son una excelente manera de mantener a tu perro fuera de problemas mientras tú te concentras en las tareas domésticas o el trabajo.

Los juguetes de goma rellenables, como los Kong, también son una excelente manera de evitar que tu Rhodesian Ridgeback se meta en problemas. Al igual que los juguetes de rompecabezas, pueden rellenarse con comida para mantener a tu perro interesado y desafiado durante largos períodos de tiempo. Este tipo de juguetes generalmente tienen un centro hueco que puede rellenarse con cualquier tipo de comida o premio. También vienen en una variedad de tamaños y densidades, por lo que si tienes un cachorro joven o un perro mayor con problemas dentales, puedes encontrar un juguete apropiado. Algunos perros aprenden bastante rápido cómo sostener el juguete para alcanzar los premios en su interior, así que no temas usar alimentos que sean más difíciles de sacar. Las croquetas son una opción popular, pero muchos dueños usan comida húmeda para perros, pequeñas cantidades de mantequilla de cacahuete o incluso verduras para rellenar el centro del juguete. En días particularmente cálidos, o para aumentar el desafío, incluso puedes congelar el juguete para que dure más y proporcione refresco. No es raro que los dueños de perros tengan varios Kong rellenos en el congelador, listos para sacar en cualquier momento.

Las alfombras olfativas son una forma nueva e interesante de proporcionar estimulación mental a los perros. Son alfombras planas hechas de material fácil de limpiar como el fieltro. De apariencia similar a una alfombra de pelo largo, las alfombras están cubiertas de largas tiras de tela. Se pueden comprar en línea o hacer en casa usando instrucciones simples que se encuentran en internet. Para usarlas, simplemente esparza un puñado de croquetas o pequeños premios por la alfombra. Antes de darle la alfombra a tu perro, puedes revolver las tiras de tela para distribuir los premios más profundamente. Esconder premios de esta manera requiere que tu perro use su sentido del olfato para buscarlos y simula el instinto natural de buscar comida. Las alfombras olfativas son ideales para perros de cualquier edad, especialmente aquellos que sufren limitaciones físicas, ya que la alfombra puede ser utilizada incluso por perros acostados.

CAPÍTULO 10
Adiestramiento de tu Rhodesian Ridgeback

Expectativas Claras

Durante tus sesiones de adiestramiento con tu Rhodesian Ridgeback, es importante que tengas expectativas claras sobre ti mismo. Recuerda, sin una comunicación clara y consistente, no se puede lograr ningún progreso. A menos que estés dispuesto a dedicar una cantidad significativa de tiempo y trabajo al adiestramiento de tu perro, podrías terminar decepcionado con el progreso de tu mascota. Si solo trabajas con tu perro una o dos veces por semana, no verás el mismo avance en el adiestramiento de tu Ridgeback que si lo entrenaras todos los días. También será más difícil para tu perro recordar lo que le pediste en la última sesión si solo trabajas con él ocasionalmente. Esto resultará en frustración y pérdida de concentración para ambos. En lugar de esto, establece metas pequeñas y manejables para ti y tu perro. Si solo puedes dedicar unos minutos de entrenamiento por las tardes después de regresar del trabajo, programa esa

Foto cortesía de Joanne Baker

sesión de adiestramiento todos los días, aunque sean solo diez minutos. Tu perro obtendrá más beneficio de una sesión diaria de diez minutos que de una sesión semanal de 30 minutos.

Cuando trabajes con tu Ridgeback, también debes tener expectativas razonables sobre él y su nivel de adiestramiento actual. No le pidas a tu perro más de lo que es capaz en una etapa particular de su entrenamiento. Por ejemplo, si logras que se siente tranquilamente y se concentre en ti dentro de tu casa, pero pierde la concentración en el jardín la mitad del tiempo, no puedes esperar llevarlo al parque canino local y que te obedezca. Esperar más de tu perro de lo que puede manejar es injusto. Siempre debes estar dispuesto a preparar a tu perro para el éxito. El adiestramiento debe realizarse en pequeños pasos, avanzando solo cuando estés seguro de que tu perro puede manejarlo. Si sabes que tu perro cometerá un error o reaccionará mal ante una situación, es mejor evitar esa situación si es posible hasta que estés seguro de que está lo suficientemente adiestrado para manejarla.

Independientemente de cómo transcurra tu sesión de adiestramiento, es importante que siempre termines la sesión con una nota positiva. Incluso si tu perro está luchando con cierto concepto o se está cansando y perdiendo la concentración, debes intentar finalizar la sesión con positividad.

Terminar con frustración o negatividad solo preparará a tu perro para el fracaso durante la próxima sesión. Tú quieres que el espere con ansias el entrenamiento. Si tu perro se está cansando o no parece entender lo que le estás pidiendo, vuelve a algo en lo que sea bueno. Pídele que se siente o se acueste unas cuantas veces. Aunque la tarea sea simple, podrás recompensarlo por realizar el comando. Después de algunas repeticiones exitosas, puedes terminar la sesión e intentar la tarea más difícil más tarde.

Fundamentos del Condicionamiento Operante

Foto cortesía de Beth Keener

El condicionamiento operante es un tipo de aprendizaje basado en la idea de que el comportamiento puede moldearse según la respuesta ambiental a dicho comportamiento, ya sea una recompensa o un castigo. El reconocido psicólogo y conductista B.F. Skinner fue uno de los primeros en promover esta idea. Skinner no creía que los animales y los humanos aprendieran únicamente a través del condicionamiento clásico, ya que consideraba que somos demasiado complejos para aprender solo mediante un método tan simple. Él planteó la hipótesis de que los comportamientos seguidos de una experiencia agradable y positiva tienen más probabilidades de repetirse que los comportamientos seguidos de experiencias desagradables o negativas. Skinner se refirió a estas respuestas ambientales como operantes. Teorizó que existen tres tipos de operantes: operantes neutros, reforzadores y castigos. Los operantes neutros no aumentan ni disminuyen la probabilidad de que el comportamiento se repita en el futuro. La respuesta ambiental no es lo suficientemente positiva o negativa como para afectar el comportamiento futuro. Los reforzadores, que pueden ser positivos o negativos, aumentan la probabilidad de que cierto comportamiento se repita en el futuro. Los castigos siempre son negativos y desalentarán la repetición del comportamiento.

Uno de los métodos de adiestramiento canino más populares y exitosos es el refuerzo positivo. El refuerzo positivo utiliza la idea del operante reforzador de Skinner para alentar a un perro a realizar un comportamiento bajo comando. Generalmente, los perros son recompensados con elogios, comida o juguetes. Carol Vesely de Northstar Rhodesian Ridgebacks dice: «Los Ridgebacks están muy motivados por la comida y generalmente trabajarán bien por alimento». Desafortunadamente, el refuerzo positivo también puede actuar en tu contra en el desarrollo de malos hábitos. Por ejemplo, si tu Ridgeback sale corriendo por la puerta principal y es recompensado con un paseo sin correa por el vecindario y un buen juego de persecución, es más probable que repita el comportamiento en el futuro. Prevenir el desarrollo de malos hábitos solo puede lograrse mediante el manejo tanto del comportamiento de tu perro como de las respuestas ambientales a sus acciones.

El refuerzo negativo es otro método de adiestramiento canino, a menudo utilizado en combinación con el refuerzo positivo. El refuerzo negativo no debe confundirse con el castigo, ya que fomenta que un comportamiento se repita. Este método funciona para recompensar al perro con la eliminación de una sensación desagradable. Para combinar este refuerzo negativo con el refuerzo positivo, puedes eliminar simultáneamente la presión o sensación desagradable y recompensar a tu perro con golosinas o elogios verbales.

El castigo difiere del refuerzo negativo en que desalientas al perro de repetir el comportamiento en el futuro. Por ejemplo, si sorprendes a tu Rhodesian Ridgeback en el acto de intentar cavar un agujero debajo de tu cerca, puedes interrumpir su comportamiento con un aplauso fuerte, un pisotón o un «¡No!». Si sus intentos de cavar un agujero siempre se encuentran con un ruido desagradable y sorpresivo, es menos probable que intente el comportamiento nuevamente en el futuro. Sin embargo, el castigo que recibe un perro nunca debe ser demasiado severo. Los comportamientos graves como las peleas obviamente merecen un castigo más severo, como ser rociado con agua, mientras que eso sería un castigo demasiado severo por cavar un agujero en el jardín. Si tus castigos son demasiado severos, puedes encontrar que no corrigen el mal comportamiento y, en cambio, resultan en reacciones temerosas o agresivas. Los castigos deben usarse lo menos posible y nunca deben implicar lastimar a tu perro. Bajo ninguna circunstancia debes golpear o patear a tu perro. Por lo general, un simple pero fuerte aplauso o pisotón, o como máximo un rociado de agua, debería ser suficiente.

Refuerzos Primarios—Comida, Juguetes, Tiempo de Juego

Los refuerzos primarios típicamente provienen de recompensas de naturaleza biológica. Esto puede incluir el uso de comida, juguetes y tiempo de juego en el adiestramiento. Los perros naturalmente encuentran gratificante la comida y repetirán fácilmente comportamientos que son seguidos por golosinas. Los juguetes y el tiempo de juego se utilizan con menos frecuencia, pero aún recompensan al perro a nivel biológico. El juego funciona como recompensa al imitar el comportamiento natural del perro. Los perros naturalmente encuentran gratificante la emoción de perseguir y atrapar a su presa, por lo que es posible simular este comportamiento como recompensa usando un juguete y un juego de buscar o tirar. Los perros con instintos de caza particularmente fuertes a menudo encuentran este tipo de refuerzo especialmente gratificante. Para los Rhodesian Ridgebacks, algunos perros pueden estar más motivados por la comida, mientras que otros encuentran más valioso el juego. Carol Vesely de Northstar Rhodesian Ridgebacks dice: «No está en su naturaleza hacer automáticamente lo que sus dueños les piden, por lo que necesitas motivarlos para que quieran complacerte. Encuentra lo que motiva a tu perro y usa eso como su recompensa».

La mayoría de los perros están naturalmente motivados por la comida en cierto grado, por lo que es una de las formas más populares de recompensar a un perro por buen comportamiento. Biológicamente, los perros necesitan comida para sobrevivir, pero más importante aún, realmente disfrutan comer. Al igual que con los humanos, no es raro que los perros prefieran ciertos alimentos sobre otros, por lo que es posible que debas probar diferentes tipos de comida para determinar cuáles considera tu perro de alto valor. Algunos perros trabajarán solo por su golosina favorita, mientras que otros están felices de realizar tareas por una porción de sus croquetas diarias.

Para algunos perros, su instinto de caza supera su motivación por la comida. Para este tipo de perro, recompensarlos con un juguete o tiempo de juego puede funcionar mejor que la comida. Los perros con bajos instintos de caza pueden necesitar algo de estímulo antes de que lleguen a disfrutar de este tipo de refuerzo, o puede que no funcione en absoluto. La clave para usar el juego como recompensa es hacerlo lo más emocionante posible. Entregarle a tu perro un juguete que hace ruido no es emocionante y no funcionará como recompensa. Los juguetes que se pueden lanzar o tirar son ideales. Permitir que tu perro salte o persiga el juguete activará su instinto natural de persecución. Algunos perros también prosperan con vigorosos juegos de tira y afloja. Cualquiera que sea el tipo de juego que más disfrute tu perro, asegúrate de exagerar tu propia emoción. Si él ve lo feliz que estás tú, obtendrá más disfrute de la recompensa que si simplemente lanzaras su pelota favorita por el jardín.

Foto cortesía de
Heather Proper–VanValkenberg

Refuerzos Secundarios—Atención, Elogios, Clickers

Los refuerzos secundarios también pueden considerarse refuerzos aprendidos. La mayoría de los perros no encuentran naturalmente gratificantes los elogios o la atención, y el sonido de un clicker no significa nada para un perro sin adiestrar. Aprenden el valor de estos tipos de recompensas a través de la asociación con refuerzos primarios. Al principio, puede ser útil combinar refuerzos secundarios con refuerzos primarios hasta que tu perro aprenda el valor de recompensas como los elogios o un ruido marcador como el clicker.

La atención y los elogios funcionan bien como recompensa para muchos perros sin tener que construir la conexión con refuerzos primarios. Sin embargo, no todos los perros responden bien a los elogios por sí solos. Decidir una palabra marcadora, como «bien» o «sí» y usar la misma palabra consistentemente ayudará a tu perro a entender el valor de los elogios verbales. Asegúrate de decir la palabra de manera positiva y animada. Tu tono y lenguaje corporal le hablarán más a tu perro que tus pa-

Foto cortesía de Rebecca Weddell

labras al principio. Usar elogios verbales e incluso atención física en conexión con refuerzos primarios aumentará el valor de estas recompensas, de modo que eventualmente tu perro entenderá que ha hecho lo correcto cuando tú dices la palabra marcadora, incluso si no recibe una golosina.

El adiestramiento con clicker es similar al uso de una palabra marcadora, pero en lugar de una señal verbal, estás utilizando un sonido específico para recompensar al perro. Los perros no entenderán inmediatamente el valor del ruido, por lo que deberás construir esa asociación. La mayoría de los adiestradores recomiendan enfocarse únicamente en construir esta conexión antes de avanzar en el adiestramiento de tu perro. Por ejemplo, si deseas utilizar el clicker como refuerzo secundario, las primeras sesiones de adiestramiento deberían consistir en presionar el clicker y entregarle una golosina. Después de algunas repeticiones, tu perro aprenderá que el clic está asociado con una golosina. A medida que avances en su adiestramiento, puedes continuar combinando los dos refuerzos hasta que tu perro aprenda que realizar el comportamiento correcto resultará en un refuerzo primario o secundario.

Refuerzo Negativo

El refuerzo negativo no debe confundirse con el castigo. El castigo es cuando un comportamiento es seguido por una experiencia desagradable, como un ruido fuerte. Los castigos se utilizan para desalentar a un perro de repetir ciertos comportamientos. El refuerzo negativo difiere en que realmente alienta a un perro a repetir un comportamiento. Como se mencionó anteriormente, el refuerzo negativo funciona recompensando a un perro con la eliminación de una sensación desagradable, como la presión en la correa. Cuando se usa correctamente, puede ser una herramienta valiosa para el adiestramiento, especialmente cuando se combina con el refuerzo positivo.

Un ejemplo de refuerzo negativo se puede encontrar en el adiestramiento tradicional con correa. La mayoría de los perros no cederán naturalmente a la presión de la correa. En cambio, se resistirán contra ella y tirarán en la dirección opuesta. El refuerzo negativo puede usarse para enseñar a un perro buenos modales con la correa, enseñándole que la presión de la correa se liberará cuando dé un paso contrario a la presión. Al ejercer una presión suave en la correa y liberar inmediatamente esa presión en el momento en que el perro avanza, le estás enseñando que la forma en que puede aliviar la incomodidad de la correa es cediendo a ella. Cuando se combina con el refuerzo positivo, como una golosina o elogio, tu perro aprenderá rápidamente a caminar en la dirección que tú le indicas.

Se debe tener precaución al adiestrar con refuerzo negativo porque si ejerces demasiada presión o no la liberas en el momento adecuado, tu perro puede asustarse y desarrollar comportamientos aversivos. Tu sincronización en la liberación de la presión debe ser precisa. Si no liberas en el momento en que tu perro realiza el comportamiento correcto, no harás la conexión entre su comportamiento y la eliminación de la presión. También debes ser consciente de cuánta presión estás ejerciendo sobre tu perro. Debe ser suficiente para ser ligeramente desagradable, pero nunca dolorosa. Ejercer más presión sobre tu perro de la que se siente cómodo resultará en miedo, en lugar de aprendizaje. El refuerzo negativo se utiliza mejor en combinación con el refuerzo positivo. Si tienes alguna duda sobre tus habilidades para usar el refuerzo negativo correctamente, consulta a un adiestrador profesional o simplemente usa el refuerzo positivo por sí solo.

Contratar a un Adiestrador/Asistir a Clases

Aunque algunos dueños de Rhodesian Ridgeback adiestran a sus perros con éxito sin la ayuda de un profesional, muchos encuentran que contratar a un adiestrador o asistir a clases de adiestramiento les ayuda a lograr sus objetivos más rápido y con menos problemas. Incluso los dueños de perros de toda la vida pueden beneficiarse del consejo profesional de un adiestrador o especialista en comportamiento.

Con la mayoría de los adiestradores, tendrás la opción de lecciones privadas o clases grupales. Ambos tipos de clase tienen sus ventajas, por lo que debes considerar la etapa actual de adiestramiento de tu perro, así como tus objetivos finales antes de decidir cuál es mejor para ti. En las lecciones privadas, tienes el beneficio de la atención indivisa del adiestrador. Esto puede ser particularmente útil si estás luchando con problemas de agresión o comportamiento. En algunos casos, es posible que desees comenzar con lecciones privadas y progresar a lecciones grupales a medida que tú y tu perro adquieren más confianza. En las clases grupales, puede ser que tengas que trabajar en el adiestramiento de tu perro con distracciones. Él tendrá que aprender a concentrarse en ti con otros perros y dueños alrededor. Esto les ayudará a prepararse a ambos para las distracciones del mundo real. Las clases grupales también suelen ser mucho más económicas que las lecciones privadas.

Si estás luchando para que tu perro entienda lo que le estás pidiendo, o crees que tu perro está desarrollando malos hábitos o problemas de comportamiento, definitivamente deberías considerar buscar asesoramiento profesional. No hay vergüenza en pedir ayuda y es mejor comenzar a trabajar en una solución a tus problemas antes de que se conviertan en un comportamiento más grave o peligroso. Recuerda, los adiestradores trabajan con perros difíciles a diario, por lo que son capaces de manejar una gran variedad de personalidades y comportamientos diferentes. Cuanto antes busques ayuda, antes podrán tú y tu perro comenzar a trabajar juntos en lugar de uno contra el otro.

Comportamiento del Propietario

Uno de los aspectos más importantes y a menudo pasados por alto del adiestramiento canino es el comportamiento del dueño. Debes estar dispuesto a responsabilizarte de tus acciones y cómo afectan a tu perro. Si no estás completamente dedicado al adiestramiento de tu perro, es probable que el reconozca esto y reaccione en consecuencia. Puede intentar intimidarte o simplemente ignorar tus órdenes. Debes abordar cada sesión de adiestramiento con consistencia, firmeza y entusiasmo.

Si estás teniendo dificultades en el adiestramiento de tu perro, puede ser útil reflexionar sobre tu propio comportamiento y si tú puedes estar causando el problema, al menos en parte. Los perros son conscientes de incluso los cambios más sutiles en el lenguaje corporal, por lo que puedes estar enviando el mensaje equivocado sin siquiera darte cuenta. Tener la voluntad de reflexionar sobre tu propio comportamiento y lenguaje corporal y trabajar para mejorarte a ti mismo te ayudará a convertirte en un adiestrador más eficaz.

Si has reflexionado sobre tu propio comportamiento y has identificado varias razones para tus dificultades de adiestramiento, puede ser una buena idea obtener una segunda opinión. Tener otro par de ojos sobre ti durante las sesiones de adiestramiento puede ayudarte a determinar la fuente de tus problemas. Si tienes amigos o familiares con conocimientos sobre perros, pídeles que observen una de tus sesiones de adiestramiento. Incluso puedes buscar asesoramiento profesional si sientes que un adiestrador o especialista en comportamiento es el más adecuado para la situación. No importa cuán hábil seas como adiestrador, no hace daño obtener una segunda opinión. Otra persona puede ser capaz de ver algo que simplemente has pasado por alto o de lo que no eres consciente.

CAPÍTULO 11
Comandos Básicos

Beneficios del Adiestramiento Adecuado

Uno de los mayores beneficios de las sesiones de adiestramiento con tu Rhodesian Ridgeback es la estimulación mental que le proporcionas. Incluso si solo trabajas con él durante 5-10 minutos cada vez, estás haciendo que utilice su cerebro. Dependiendo del tipo de sesión de adiestramiento, también puedes estar ejercitando su cuerpo, lo que ayudará a mantenerlo en forma y saludable. Las sesiones de adiestramiento con tu Ridgeback también fortalecerán tu vínculo y aumentarán la confianza entre ustedes.

Además, un Rhodesian Ridgeback adecuadamente adiestrado podrá acompañarte a cualquier lugar. Junto con la socialización, el adiestramiento puede ayudar a darle a tu perro la confianza para comportarse responsablemente sin importar lo que encuentren en sus aventuras juntos. Ya sea que estés viajando durante las vacaciones de verano o simplemente paseando por el vecindario, puedes confiar en que tu perro será capaz de comportarse con confianza y elegancia. Esto también dejará una impresión positiva en las personas que conozca. Tu perro puede convertirse en un embajador de su raza, impresionando a la gente con su buen comportamiento. Cuanto más puedas llevar a tu perro contigo, más feliz será. Estará mentalmente estimulado por las nuevas experiencias y estará contento de poder pasar más tiempo con las personas que ama.

El adiestramiento adecuado también es crucial para tu seguridad y la de tu Ridgeback. Un perro bien adiestrado es poco probable que corra hacia el tráfico o se meta en una pelea con otro perro. Podrás confiar en tu perro sin importar a dónde lo lleves. También puedes confiar en que tu perro no te hará daño. Enseñarle buenos modales con la correa significa que es menos probable que lo arrastres al suelo si ve una ardilla durante su paseo. Junto con las sesiones regulares de adiestramiento, también debes recordarle constantemente a tu perro que tú eres el líder de la manada.

Foto cortesía de
Linda Hafer

Diferentes Métodos de Adiestramiento

Si hablas con diez adiestradores caninos diferentes sobre sus métodos preferidos, probablemente te marcharás con diez opiniones distintas. Existen muchos métodos diferentes de adiestramiento, y cada adiestrador probablemente haga las cosas un poco diferente al siguiente. Los adiestradores que se especializan en ciertos deportes también pueden tener diferentes formas de enseñar a sus perros. La personalidad y las preferencias del perro individual también dictarán qué tipo de adiestramiento es necesario. Algunos perros funcionan mejor utilizando estrictamente el refuerzo positivo, mientras que otros necesitan también un poco de refuerzo negativo. Puede haber algo de prueba y error para encontrar qué método de adiestramiento funciona mejor para ti y tu perro, así que no temas probar algunos o buscar la opinión de varios adiestradores. Lo más importante es hacer lo que sea mejor para tu perro en particular.

Comandos Básicos

El cielo es el límite cuando se trata de enseñar nuevos comandos a tu perro. Dependiendo de tus objetivos a largo plazo para tu Rhodesian Ridgeback, es posible que eventualmente necesites enseñarle comandos específicos para deportes, pero hay una serie de comandos que todo perro debería conocer, independientemente de si está compitiendo o simplemente te hace compañía en casa. Todos los perros deberían conocer comandos como sentarse, quedarse quieto y venir. Enseñar a tu perro a bajarse de los muebles cuando se le pide o a entregar su juguete o premio masticable también es esencial para mantener una manada equilibrada dentro de tu hogar. Tu Ridgeback también debería saber cómo caminar educadamente con correa sin arrastrarte por el vecindario.

Siéntate

El primer comando que la mayoría de los propietarios enseñan a su perro es sentarse. Esto se debe a que es uno de los comandos más simples y la mayoría de los perros aprenden a realizar el comportamiento correcto bastante rápido. Si planeas competir en obediencia, tu perro deberá conocer este comando, pero también es útil en casa cuando quieras pedirle a tu perro que se siente y espere pacientemente mientras le colocas la correa o le sirves la cena. Pedirle a tu perro que se siente mientras abres la puerta puede ayudar a enseñarle a no salir corriendo. También es una habilidad útil si deseas llevar a tu perro a una cafetería local o relajarse en el parque. El sentado también posiciona al perro de manera que le resulte más fácil establecer contacto visual contigo, para que pueda concentrarse en lo que tú quieres que haga a continuación.

Foto cortesía de Jacki Hill

Hay dos formas populares de enseñar a tu Ridgeback a sentarse. Puedes optar por utilizar solo refuerzo positivo, o puedes combinar eso con refuerzo negativo. Solo ten cuidado con tu sincronización si eliges usar refuerzo negativo. El método más popular para enseñar a tu perro a sentarse es hacer que se pare frente a ti y sostener un premio frente a su cara. Mueve el premio por encima de su cabeza, justo fuera de su alcance, pero no tan alto como para que quiera saltar tras él. La mayoría de los perros se sentarán para mirar hacia el premio. Cuando su perro se siente, dele el comando verbal: "¡Siéntate!"

Hay dos formas de introducir el refuerzo negativo al primer método. La primera es usar tu mano para ejercer una presión suave sobre la parte trasera de tu perro mientras sostienes el premio en alto y le das el comando verbal. No empujes físicamente su parte trasera hacia el suelo, solo aplica una presión suave pero firme. Asegúrate de liberar la presión en el momento en que comience a sentarse. También puedes intentar colocarle la correa a tu perro y aplicar una suave presión hacia arriba en su collar mientras sostiene el premio y das el comando verbal. La mayoría de los perros se sentarán, tanto para mirar el premio como para alejarse de la presión. No tires con fuerza de la correa, solo aplica una presión suave y libérala inmediatamente cuando realice el comportamiento correcto.

Quieto

El comando de quedarse quieto es esencial para enseñar a tu perro autocontrol y paciencia. Puede ser útil si necesitas que tu perro se mantenga fuera de tu camino, por ejemplo mientras haces las tareas domésticas, o si estás entrando con las compras y no quieres que salga corriendo por la puerta abierta. También es útil si planeas llevaroa a cafeterías o cafés, o mientras preparas sus comidas o recibes invitados. Puedes probar su autocontrol poniéndolo en posición de quieto y lanzando premios al suelo o lanzando su pelota por la habitación. A medida que progrese en su adiestramiento, también puedes probar sus habilidades fuera de tu hogar.

Muchos adiestradores eligen enseñar a sus perros dos versiones del comando 'quieto'. Una está destinada a enseñar al perro a permanecer en un lugar hasta que sea liberado por el adiestrador que está cerca. Por ejemplo, si deseas que tu perro permanezca en su cama mientras tú aspiras la casa, puedes colocarlo en posición de quieto y liberarlo cuando regreses a su cama. La otra versión generalmente está destinada a períodos más cortos y el perro puede ser liberado desde cualquier distancia, como cuando le pides a tu perro que 'espere' antes de comer su comida, o antes de llamarlo haciati desde la distancia. La diferencia entre estos dos comandos es especialmente importante si planeas competir en algún deporte.

Quieto es un comando que se basa en otros comandos básicos. Puedes pedirle a un perro que se quede quieto en posición sentado, de pie o acostado. Para enseñar el quieto, simplemente pídele que se siente, se acueste o se pare y luego da el comando 'quieto'. Muchos adiestradores usan una mano abierta plana frente al perro para señalar el comando. Al principio, solo querrás que tu perro permanezca quieto durante uno o dos segundos. Recompénsalo si hace lo que le pides. Si no, simplemente colóquelo de nuevo en posición e inténtalo de nuevo. Con la práctica, puedes aumentar la cantidad de tiempo que le pides a tu perro que permanezca quieto. También puedes eventualmente alejarte e incluso intentar salir de la habitación. Recuerda progresar solo tan rápido como tu perro lo pueda manejar. No lo tientes a moverse si aún no tiene una comprensión sólida del comando.

Echado

Generalmente, enseñar a tu perro a echarse es el siguiente paso después de enseñarle a sentarse. Esto se debe a que es mucho más fácil enseñarle este comando una vez que ya tiene una idea de lo que se espera de él en posición sentado. Enseñar a tu perro a echarse es un comando importante, incluso si no planeas competir con él. Es posible que necesites pedirle a tu perro que se eche en la consulta del veterinario, o incluso en el automóvil. También puede usar este comando como primer paso en trucos como arrastrarse o darse la vuelta.

Para enseñar a tu Ridgeback a echarse, pídele primero que se siente. Desde la posición sentado, sostén un premio frente a su cara y bájalo hasta el suelo. Lo que quieres hacer es atraerlo a la posición de echado mientras le das el comando 'échado' o 'abajo'. Algunos perros pueden intentar ponerse de pie y luego bajar la cabeza al suelo. Si tu perro intenta ponerse de pie, simplemente colócalo de nuevo en posición sentado e inténtalo de nuevo. Algunos perros también pueden intentar agacharse, en lugar de echarse completamente, así que recompénsalo solo cuando sus codos toquen el suelo.

Come

El comando 'ven', o llamada, es sin duda el comando más importante que puedes enseñar a tu perro. Tu perro siempre debe venir cuando lo llames, sin importar qué. Una llamada sólida incluso puede salvar la vida de tu perro en ciertas situaciones. Algunos Ridgebacks tienen un alto instinto de presa, por lo que debes ser firme y constante en su adiestramiento para disuadirlos de ignorarte en favor de perseguir una ardilla o un conejo. Este comando es más fácil de enseñar con dos personas, así que si tienes un amigo o familiar que pueda ayudar, tu perro tendrá más facilidad para aprender. También es útil enseñar este comando en un área cerrada o vallada, o usar una correa larga, como una correa de rastreo.

Foto cortesía de Channing Mae Malz

Para enseñar a tu perro la llamada, haz que tu ayudante sostenga a tu perro a cierta distancia de ti. Llama el nombre de tu perro y da el comando 'ven' mientras te das palmadas en las piernas con entusiasmo. Cuanto más entusiasta pueda ser, mejor. Haz que tu ayudante sostenga a tu perro por un momento antes de soltarlo. La restricción momentánea aumentará la emoción de tu perro y lo alentará a correr hacia ti, en lugar de en otra dirección. Mientras tu perro corre hacia ti, continúe llamándola mientras retrocedes unos pasos. Retroceder un poco lo obligará a perseguirte, aunque sea solo por unos pasos. Esto ayudará a emocionarlo y lo alentará a venir hacia ti. Una vez que llegue a ti, elógilo y dale muchos premios y atención. Ahora que tu perro está contigo, puedes intentar retenerlo mientras tu ayudante lo llama. Esto se puede hacer de un lado a otro hasta que tu perro entienda lo que le estás pidiendo. A medida que progrese, puedes aumentar la distancia entre tú y tu ayudante y también aumentar el nivel de distracciones.

Bájate/Fuera

Pedirle a tu Rhodesian Ridgeback que se baje de los muebles cuando se le ordena no solo es importante en cuanto a modales, sino que te ayudará a mantener tu posición como líder de la manada. Los líderes de la manada no permiten que otros duerman o se sienten en sus lugares favoritos, por lo que debes pedirle a tu perro que se mueva si está en tu camino. Asegúrate de usar un comando diferente para pedirle a tu perro que se baje de los muebles del que usas para pedirle que se eche. Por ejemplo, si usas 'échate' para pedirle que se acueste, puedes usar 'bájate' o 'fuera' para decirle que se baje del sofá.

Hay varias formas diferentes en las que puedes enseñar a tu perro a quitarse de tu camino. La primera es usar refuerzo positivo y atraerlo fuera del sofá usando un premio. Cuando salte, dale el comando verbal y elógialo cuando las cuatro patas toquen el suelo. También puedes usar refuerzo negativo para ayudarlo a entender lo que estás pidiendo. Puedes usar una correa para aplicar una presión suave hacia el borde del sofá mientras das el comando. Una vez más, cuando sus patas toquen el suelo, puedes recompensarlo. Asegúrate de usar una correa, en lugar de agarrar su collar con la mano. Los perros más resistentes pueden intentar morderte. Puedes intentar empujarlo suavemente hacia el sofá con tus manos, pero ten en cuenta que los perros dominantes también pueden intentar morderte por esto.

Suelta/Deja

El comando 'suelta' o 'deja' no solo te ayuda a mantener tu posición como líder de la manada, sino que también es útil si tu Rhodesian Ridgeback tiene el hábito de robar cosas o recogerlas durante sus paseos. Ciertos deportes, como la obediencia y el salto al agua, requerirán que tu perro pueda soltar cosas cuando se le ordene. Además, enseñar a tu perro a soltar cosas cuando se le ordena también ayudará a prevenir problemas de protección de recursos.

Si tu perro tiene algo en la boca que te gustaría que suelte, no intentes quitárselo de la boca. Es probable que muerda con más fuerza el objeto y no lo suelte, y también puede intentar morderte a ti. En cambio, debes ofrecer un intercambio. Ofrécele un premio o un tipo diferente de artículo, como un premio masticable o un juguete. Lo que estés ofreciendo debe tener un valor más alto para tu perro que lo que tiene, así que no intentes ofrecerle un juguete de goma a cambio del muslo de pollo que robó de la basura. Da tu comando verbal mientras le ofreces el premio y recompénsalo tan pronto como suelte lo que tenía en la boca. Si exhibe comportamientos de protección de recursos, es posible que necesites atraerlo a una corta distancia con el premio antes de poder recuperar lo que tiene en la boca. Con la repetición, tu perro eventualmente debería aprender a soltar lo que tiene cuando se lo pidas, simplemente porque podrías tener algo mejor que ofrecerle.

Camina

Caminar educadamente con la correa es una de las habilidades más importantes para enseñar a tu Rhodesian Ridgeback. Los Ridgebacks son perros grandes y poderosos que pueden fácilmente tirar a alguien al suelo, por lo que caminar bien con una correa suelta es necesario. Los perros que tiran de la correa o intentan arrastrar a sus dueños también son más propensos a excitarse o volverse agresivos cuando encuentran perros o personas extrañas en sus paseos. Los perros también son más propensos a lesionarse al tirar con fuerza de collares o arneses que no están diseñados para ser tirados.

Foto cortesía de Caroline Higgins

La paciencia es clave cuando se enseñas a tu perro a caminar bien con la correa. Es posible que solo puedas conseguir uno o dos pasos de caminar con correa suelta a la vez, así que relájate y tómate tu tiempo. Comienza a caminar con tu perro y en el momento en que ponga tensión en la correa, simplemente detente. No te muevas ni un centímetro. Tu perro probablemente llegará al final de su correa, se dará la vuelta y te mirará confundido. Puedes llamarlo de vuelta o esperar hasta que regrese a ti por su cuenta. Una vez que la correa esté floja nuevamente, puedes comenzar a caminar. Nuevamente, probablemente intentará tirar, por lo que deberás detenerte y esperar a que regrese. Es posible que no avances mucho durante sus primeras sesiones de adiestramiento, pero eventualmente necesitarás detenerse con menos frecuencia. Si tu perro es excitable o enérgico, es posible que desees realizar una sesión rápida de juego antes de trabajar en sus modales con la correa para cansarlo. Un perro más tranquilo aprenderá a caminar educadamente más rápido que uno excitado.

Comandos Avanzados

A medida que tu Ridgeback avanza en su adiestramiento, es posible que debas introducir comandos más avanzados para mantenerlo entretenido y desafiado. No hay límite para lo que puedes enseñar a tu perro, así que no temas ser creativo. Puedes intentar salir de la habitación durante largas estancias o caminar sin correa en áreas seguras. Si planeas competir con tu perro, puedes trabajar en comandos específicos para deportes. También puedes intentar enseñar a tu perro trucos interesantes, como dar la pata o darse la vuelta. Los Rhodesian Ridgebacks generalmente están dispuestos a aprender cualquier cosa, siempre y cuando puedan pasar tiempo con su familia, así que no temas practicar las cosas divertidas.

CAPÍTULO 12
Comportamientos No Deseados

¿Qué Es un Mal Comportamiento en Perros?

En los perros, el mal comportamiento consiste en acciones que se consideran no deseadas, dañinas, irrespetuosas o peligrosas. Algunos hábitos pueden ser más bien una molestia menor, como el ladrido excesivo, pero pueden afectar seriamente tu relación con tu familia y tu Rhodesian Ridgeback. Hábitos más peligrosos, como escaparse o la agresión, pueden realmente poner en riesgo la vida de tu Ridgeback. Todos los malos comportamientos corren el riesgo de escalar a problemas más serios si no se corrigen lo antes posible.

Los malos hábitos no se desarrollan de la noche a la mañana. Generalmente comienzan como algo aparentemente inofensivo que no se corrige. Se necesita tiempo y una falta de corrección constante para que se desarrollen los malos comportamientos. Cuanto antes se aborden estos problemas, menos probable será que escalen a situaciones más graves. Sandra Fikes de Kalahari Rhodesian Ridgebacks aconseja: "Debes atender estos problemas cuando son cachorros, socializarlos y asistir a clases de adiestramiento. La mayoría de los problemas que he encontrado son resultado directo de que el dueño no está consciente de su responsabilidad o no cumple con su parte en el adiestramiento". Sin embargo, debe tenerse en cuenta que las correcciones solo son valiosas si son consistentes. Si solo corriges esporádicamente a tu perro por cavar en el jardín, probablemente estará confundido en lugar de entender que sus acciones son incorrectas. Tu perro puede preguntarse por qué se le permite cavar a veces, pero en otras ocasiones recibe un castigo. Con un poco de paciencia, así como correcciones firmes y consistentes, la mayoría de los malos comportamientos pueden corregirse antes de que se vuelvan peligrosos o potencialmente mortales.

Encontrando la Raíz del Problema

La única manera de resolver verdaderamente los problemas de comportamiento es determinar la causa del comportamiento. Encontrar la raíz de los problemas te ayudará a desarrollar un plan de adiestramiento para

Foto cortesia de
Siobhan Swannell

superar el comportamiento no deseado. Si no sabes qué está causando que tu perro actúe inapropiadamente, nunca podrás eliminar completamente sus malos hábitos. Por ejemplo, si sabes que es probable que tu perro se vuelva agresivo cuando otro perro intenta tomar su juguete favorito, entonces sabrás dónde enfocar tu energía. Sin embargo, si honestamente no sabes por qué tu perro sigue metiéndose en peleas, es poco probable que puedas solucionar el problema. Puedes ser capaz de resolver temporalmente el problema, pero no tendrás una solución a largo plazo.

Una causa potencial de los problemas de comportamiento de tu Rhodesian Ridgeback es tu propio comportamiento. Como se señaló anteriormente, es posible que debas reflexionar sobre tus propias acciones y reacciones para determinar si puedes estar enviando inadvertidamente señales incorrectas a tu perro. Reflexionar sobre tus propias acciones y comportamiento, y ser honesto sobre cómo puedes estar afectando a tu perro, es un paso importante para descubrir la causa de los problemas de tu perro.

También es posible que los problemas de comportamiento de tu perro sean causados por un mal manejo de su entorno. Controlar y cambiar el comportamiento de tu perro simplemente no se puede hacer si tú no controlas tu entorno. Por ejemplo, si sabes que tu perro se vuelve agresivo hacia tus otras mascotas a la hora de comer, es posible que debas separarlos hasta que puedas controlar mejor su comportamiento. No coloques a tu perro en situaciones de fracaso. Siempre debes darle a tu perro la oportunidad de tener éxito, y controlar cuidadosamente su entorno lo ayudará a aprender cómo manejar estas situaciones correctamente. Gestionar su entorno es un compromiso de por vida, especialmente cuando se trata de agresión. Debes estar comprometido con esta tarea y mantenerte vigilante para evitar que tu perro cometa un error.

Prevención del Mal Comportamiento

En lugar de corregir el mal comportamiento, debes trabajar para evitar que se desarrolle en primer lugar. El tiempo y esfuerzo involucrados en prevenir malos hábitos es mucho menor que lo que tomaría corregir un mal hábito una vez que se ha establecido. La supervisión cuidadosa y el manejo del entorno de tu perro son esenciales para prevenir malos comportamientos. Si sabes que a tu perro le gusta hurgar en la basura, no le des la oportunidad de hacerlo. Mantén la basura en un lugar al que no tenga acceso. Si conoces lo que desencadena el mal comportamiento de tu perro, debes evitarlo hasta que tu perro esté más avanzado en su adiestramiento. Si no estás seguro de si puedes confiar en tu perro en una situación determina-

Foto cortesía de
Channing Mae Malz

da, puede ser mejor errar por el lado de la precaución y abordar la situación un tiempo después cuando estés más seguro de cómo va a actuar tu perro.

La consistencia también es esencial para evitar que se desarrollen malos hábitos. Sin consistencia, tu perro no puede aprender qué comportamiento es apropiado y cuál no. Si permites que tu perro salte sobre ti cuando llegas a casa del trabajo, difícilmente puede sorprenderte cuando salte sobre tu vecino anciano al saludarlo. Adiestrar a tu perro es un compromiso que consume tiempo y debes estar dispuesto a decidir las reglas del hogar y hacerlas cumplir de manera consistente. Si solo estás dispuesto a hacer el esfuerzo de corregir el comportamiento de tu perro cuando tienes ganas, nunca verás ningún cambio significativo en sus comportamientos no deseados. El adiestramiento canino no es una tarea a tiempo parcial. Es posible que no tengas la motivación para trabajar con tu perro todos los días, pero tu perro probablemente tendrá mucha motivación para entretenerse si tú no lo haces. Si eres consistente en tus expectativas y su adiestramiento, puedes esperar consistencia en el comportamiento de tu perro.

Cómo Corregir Adecuadamente a tu Rhodesian Ridgeback

Al corregir el mal comportamiento de tu Rhodesian Ridgeback, es importante mantener la severidad de tus correcciones en línea con la severidad de tus acciones. Diferentes acciones requerirán diferentes correcciones, pero necesitas usar tu mejor juicio para determinar qué tan seria debe ser su corrección. Bajo ninguna circunstancia debes golpear o patear a tu perro. Incluso si tu perro está mostrando un comportamiento peligroso o agresivo, no es apropiado dañarlo físicamente. Es poco probable que tu perro entienda que lo estás corrigiendo, y puede reaccionar por miedo o agresión y morderte. Incluso los problemas de comportamiento más extremos pueden mejorarse con un toque suave y refuerzo positivo.

Al corregir el mal comportamiento de tu Ridgeback, debes ser consciente de su momento. Si no sorprendes a tu perro en el acto, no puedes corregirlo. Si llegas a casa y ves que tu perro ha destruido el sofá, simplemente debes limpiar el desorden y seguir adelante. Los perros no tienen una buena comprensión del pasado y el presente. Tu perro no entenderá que está en problemas por destruir los muebles, simplemente pensará que llegaste a casa y comenzaste a castigarlo sin razón. Sin embargo, si llegas a casa y sorprendes a tu perro con un cojín en la boca, entonces puedes sentirte libre de corregirlo según sea necesario.

Como se discutió anteriormente, golpear, patear o gritar a tu perro no son correcciones apropiadas. Las correcciones adecuadas incluyen ruidos fuertes, como pisotones, palmadas o decirle 'no'. Para comportamientos más serios, muchos adiestradores recomiendan llenar una botella con agua y rociarlo en la cara cuando actúe mal. Es una corrección más severa que un ruido fuerte o un firme 'no', pero no lo lastimará de ninguna manera. Es solo una sensación desagradable que ayudará a disuadirlo de repetir ese comportamiento en el futuro. La única situación que requiere correcciones extremas es la pelea. Si tu perro se mete en una pelea, puede ser apropiado gritar o rociarlo con una manguera. Los ruidos fuertes y repentinos a menudo son suficientes para sobresaltar a los perros y sacarlos de la pelea. Dependiendo del tamaño del otro perro, existe la posibilidad de lesiones graves o incluso la muerte, así que usa un nivel apropiado de corrección para detener la pelea.

Foto cortesía de
Joanne Baker

Corrigiendo Malos Hábitos

La paciencia y la dedicación son claves para corregir los malos hábitos de tu Rhodesian Ridgeback. El mal comportamiento no se desarrolla repentinamente, ni se corregirá repentinamente. Independientemente de si estás adiestrando a tu perro tú mismo o con la ayuda de un profesional, debes entender que tomará tiempo resolver los problemas de comportamiento de tu perro. Es importante no perder la motivación. Los primeros días o semanas pueden ser frustrantes, pero sé paciente y pronto deberías ver mejoras, aunque sean pequeñas.

Puede ser difícil equilibrar la tenencia de un perro con tu vida profesional y personal, pero debes recordar que tu perro y su comportamiento son tus responsabilidades. La inconsistencia en el adiestramiento de tu perro es probablemente lo que permitió que se desarrollaran los malos hábitos en primer lugar, por lo que debes estar dispuesto a compensar eso ahora. Incluso después de que el comportamiento de tu perro haya mejorado, deberás mantenerte consistente en su adiestramiento y dedicado a manejar el entorno de tu perro para evitar que el mal hábito regrese y para evitar que tu perro desarrolle nuevos comportamientos no deseados.

Cuándo Llamar a un Profesional

Siempre que estés luchando con el adiestramiento o comportamiento de tu perro, debes estar dispuesto a llamar a un adiestrador. Incluso si el comportamiento es simplemente molesto y no pones a nadie en riesgo, si estás teniendo problemas para controlarlo, debes buscar ayuda. Los adiestradores tratan con malos hábitos de todo tipo y podrán ayudarte a encontrar la raíz del problema y desarrollar un plan de adiestramiento para superarlo. Cuanto antes estés dispuesto a aceptar ayuda externa, más pronto podrás solucionar el problema y evitar que escale a algo peor.

Si el comportamiento temeroso, destructivo o agresivo de tu perro está afectando la felicidad o seguridad de tu familia, necesitas buscar ayuda inmediatamente. Incluso un comportamiento aparentemente inofensivo, como gruñir, puede escalar rápidamente, por lo que cuanto antes llames para pedir ayuda, mejor. El comportamiento peligroso puede ser difícil de manejar para el propietario promedio de perros, por lo que es mejor buscar a alguien que tenga experiencia en el manejo y corrección de estos tipos de hábitos. Incluso el comportamiento temeroso puede volverse agresivo si el perro se siente amenazado o siente que necesita defenderse. Independientemente de la gravedad de su comportamiento, necesitas buscar ayuda antes de que alguien resulte herido.

Malos Hábitos Específicos del Rhodesian Ridgeback

Debido a la historia del Rhodesian Ridgeback como raza de caza, algunos perros pueden tener un impulso de caza relativamente fuerte, lo que puede dificultar el adiestramiento. Puede ser difícil mantener la atención de tu perro cuando está más enfocado en esa ardilla al otro lado del parque. Según Carol Vesely de Northstar Rhodesian Ridgebacks, "Su fuerte instinto de caza puede ser un desafío. No creo que sean el tipo de perro que puedas tener sin correa en cualquier lugar al que vayas. Mi consejo es nunca tener a tu Ridgeback sin correa ni por un minuto a menos que estés en un área segura y protegida que esté cercada o donde no haya nada alrededor, donde el perro pueda lastimarse". Algunos perros pueden tener instintos de caza más fuertes que otros, por lo que es importante considerar el interés individual de tu perro en la presa al decidir si dejarlo o no sin correa. Si tu Ridgeback tiene un fuerte instinto de caza, también puedes aprovecharlo y competir con él en deportes como el coursing, donde puede perseguir su "presa" a gusto.

No es raro que los Rhodesian Ridgebacks usen sus instintos de caza para meterse en problemas. El fuerte sentido del olfato de la raza a menudo lleva a los Ridgebacks a hurgar en los botes de basura. Combina este sentido del olfato superior con el amor de la raza por la comida y tendrás una receta para el desastre. Asegúrate de mantener la basura de tu hogar fuera del alcance de tu perro. Mantener el bote de basura en un armario puede funcionar, pero algunos perros incluso descubren cómo abrir las puertas de los armarios. Hay botes de basura en el mercado que se cierran con llave o están diseñados para ser difíciles de abrir para los perros, por lo que es posible que debas investigar para ver qué funcionará para tu perro. La basura puede ser una tentadora fuente de bocadillos, pero tu perro también puede tragar algo peligroso como huesos cocidos, productos químicos o alimentos tóxicos.

Los Rhodesian Ridgebacks también pueden ser bastante destructivos si se les deja a sus anchas. Muchos dueños de Ridgeback llegan a casa y encuentran camas para perros, juguetes para masticar o incluso cojines hechos pedazos. Si tu perro se vuelve destructivo, es posible que simplemente esté aburrida. Es posible que debas aumentar la cantidad de ejercicio físico y mental que recibe para permitirle descansar pacíficamente mientras tú estás fuera. También puedes considerar restringir su acceso dentro de tu casa hasta que se puedas confiar en dejarlo solo. Limitar el acceso de tu Ridgeback a una sola habitación, o incluso mantenerlo en una jaula, mientras estás fuera de casa ayudará a mantener bajo control sus tendencias destructivas. Algunos perros se vuelven especialmente destructivos durante la dentición, así que asegúrate de proporcionar a tu cachorro muchas opciones apropiadas para masticar y evitar que recoja y destruya artículos personales o del hogar.

CAPÍTULO 13
Viajar con Rhodesian Ridgebacks

Transportines y Sistemas de Sujeción para Automóviles

Cuando viajes con tu Rhodesian Ridgeback en el automóvil, dispones de varias opciones para sujetarlo. Es importante señalar que ciertos tipos de jaulas o barreras se adaptarán de manera diferente según el vehículo, por lo que quizás necesites investigar para asegurarte de que la opción elegida se ajuste de forma segura a tu automóvil. Algunos perros prefieren el aislamiento durante sus viajes, mientras que a otros les gusta mirar por la ventana, así que recuerda tener en cuenta las preferencias individuales de tu perro. También es posible que puedas comenzar con un tipo de sujeción y cambiar a otro a medida que tu Ridgeback se convierta en un viajero más confiado y cómodo.

Uno de los métodos de sujeción más populares puede ser uno que tú reconozcas de tu propio hogar. El uso de jaulas o transportines en los automóviles es una forma común de mantener a los perros seguros hasta que llegues a tu destino. Los dueños generalmente tienen la opción de transportines de alambre, plástico o de lados blandos. Algunos están diseñados específicamente para uso en el automóvil, por lo que pueden tener formas diferentes o sistemas para asegurar el transportín al vehículo. Incluso hay empresas que fabrican jaulas de metal de alta resistencia diseñadas para soportar el impacto de un accidente, aunque estas pueden ser bastante costosas. Algunos transportines están diseñados para colocarse en el área de carga de tu vehículo, mientras que otros se ajustan perfectamente en el asiento trasero. El tipo de transportín que elijas dependerá del tipo de automóvil que conduzcas, así como de lo que funcione mejor para ti y tu perro. Los perros que prefieren un poco de aislamiento pueden preferir un transportín de plástico o metal más cerrado, o incluso simplemente una manta colocada sobre su jaula de alambre. Los perros a los que les gusta ver lo que sucede a su alrededor pueden preferir la apertura de una jaula de alambre. Independientemente del tamaño del transportín que elijas, asegúrate de que sea lo suficientemente grande para que tu Ridgeback pueda pararse cómodamente y darse la vuelta. No dudes en colocar tu manta favorita o incluso una toalla en su transportín para hacerlo más cómodo. Las toallas también pueden ayudar con la limpieza en caso de que tu perro se maree en el automóvil. Hacer que el viaje sea lo más cómodo posible es una parte importante para enseñar a tu perro a disfrutar de su tiempo en el automóvil.

Si prefieres que tu Rhodesian Ridgeback tenga un poco más de libertad, o tu vehículo no es lo suficientemente grande para un transportín, considera usar una barrera. Las barreras permiten a tu perro más espacio que una jaula típica, pero aún así evitan que salte a tu regazo mientras conduces, o que se meta con tus compras. La mayoría de las barreras están hechas de metal, ya sea de barras o de malla, y son fáciles de instalar. Muchas barreras se montan a presión, lo que significa que no dañarán ni alterarán tu vehículo. Las barreras pueden instalarse para mantener a tu perro confinado en el área de carga o en el asiento trasero, dependiendo del tipo que compres. Hay algunos inconvenientes al usar una barrera. Los perros que se marean en el automóvil o les gusta masticar pueden ensuciar los asientos de tu vehículo. Es aconsejable invertir en fundas impermeables para los asientos si vas a utilizar este método de sujeción. Otro inconveniente potencial es que debes tener cuidado al abrir las puertas del automóvil. Si tu perro intenta salir corriendo del automóvil tan pronto como abras la puerta, podría empujarte antes de que pueda ponerle la correa.

El tercer tipo de sujeción que podrías considerar es usar un cinturón de seguridad para perros. Los cinturones de seguridad para perros se asemejan a una correa corta con un enganche de cinturón de seguridad en un extremo que se puede abrochar en la hebilla del cinturón de seguridad como lo haría un cinturón normal. El otro extremo es exactamente como una correa y se conecta al arnés de tu perro. Si eliges usar un cinturón de seguridad, asegúrate de conectarlo siempre a un arnés, en lugar de a un collar. Si tienes un accidente o debes realizar maniobras rápidas para evitarlo, tu perro puede ser lanzado hacia adelante o hacia los lados, y la presión del cinturón de seguridad puede lesionar gravemente su cuello. Los arneses distribuyen esa presión sobre una superficie mayor, por lo que son más seguros. Un beneficio de usar cinturones de seguridad es que si a tu perro le gusta salir corriendo por la puerta del automóvil tan pronto como llegas a tu destino, el cinturón te permite abrir la puerta del automóvil y colocarle la correa antes de liberarlo.

Cualquiera que sea el método de sujeción que elijas, recuerda usarlo de manera consistente. Mantener a tu perro contenido mientras está en el automóvil es esencial para mantenerte seguro a ti, a él y a otros conductores. Si tu Rhodesian Ridgeback está suelto en el automóvil, puede intentar saltar a tu regazo o por la ventana. Si tienes un accidente, también podría escapar de tu vehículo y correr hacia el tráfico. A la mayoría de los Ridgebacks les encanta viajar, pero debes priorizar la seguridad de tu mascota como lo harías con cualquier otro miembro de la familia.

Preparando a tu Rhodesian Ridgeback para los Viajes en Automóvil

Viajar con tu Rhodesian Ridgeback debe ser lo menos estresante posible para todos. Para minimizar el estrés, asegúrate de preparar bien a tu perro. Cuanto más practiques los buenos modales en el automóvil, la socialización y los comandos básicos, más probable es que disfrutes de tu tiempo con tu perro. Intenta introducir a tu perro en nuevas situaciones lentamente y a una edad temprana, si es posible. Sandra Fikes de Kalahari Rhodesian

Foto cortesía de Kaitlyn Lamping

Ridgebacks aconseja: «Las buenas experiencias tempranas son la clave». Cuanto más tiempo y esfuerzo dediques a preparar a tu perro para el viaje, más agradable será para todos.

Antes de llevar a tu Rhodesian Ridgeback a su primer paseo, debes considerar cuánta experiencia ha tenido con los automóviles en el pasado. Si es un cachorro o simplemente un viajero sin experiencia, debes dedicar un poco más de tiempo a prepararlo para su primer viaje. Algunos perros, una vez que se convierten en viajeros experimentados, pueden comer y beber en movimiento sin problemas. Otros pueden luchar contra el mareo por movimiento sin importar cuánta experiencia tengan. Para evitar que tu perro se maree, puede ser mejor retener o limitar su comida y agua antes de tu viaje. Como precaución, es recomendable llevar algunas toallas para ayudar en la limpieza en caso de que tu perro vomite. Para limitar el desorden en tu automóvil, puedes invertir en fundas impermeables para los asientos, o cubrir tus asientos o pisos con mantas o toallas. Si eliges viajar con tu perro en un transportín, al menos podrás limitar el desorden a los confines del mismo.

Al igual que con los niños, es una buena idea darle a tu Ridgeback la oportunidad de ir al baño antes de subir al automóvil. De esta manera, no necesitarás hacer una parada de emergencia en el camino a tu destino. Si vas a realizar un viaje por carretera de larga distancia, aún deberás detenerte cada pocas horas para darle la oportunidad de ir al baño. Si es posible, mantén el mismo horario de pausas para ir al baño que mantienes en casa.

Antes de comenzar tu viaje por carretera, debes verificar todos los transportines, barreras o cinturones de seguridad y asegurarte de que todo esté en buen estado. Si viajas largas distancias, asegúrate de tener todos los suministros que necesitas para la duración de tu viaje, incluidos el collar, la correa, bolsas para desechos, recipientes y comida de tu perro. Si tu perro puede beber mientras está en el automóvil sin vomitar, es posible que desees llevar una botella o un recipiente con agua.

También es importante asegurarte de que tu perro haya sido preparado a fondo para un viaje en automóvil. Si nunca lo has llevado en el automóvil antes, o nunca has usado el arnés al que se conectará su cinturón de seguridad, puede llegar a ser un viaje por carretera frustrante y perturbador. Acostumbra a tu perro a subir y bajar del automóvil, o haz que espere pacientemente en su jaula mientras tu automóvil está estacionado en la entrada. Cuanta más preparación hagas con tu perro, más confiado estará cuando sea el momento de ponerse en marcha. En general, los Rhodesian Ridgebacks son excelentes compañeros de viaje, pero debes hacer tu tarea antes de partir. Según Carol Vesely de Northstar Rhodesian Ridgebacks:

«Lo que a muchas personas les gusta de esta raza es su atletismo y al mismo tiempo su capacidad para ser un perro tranquilo. Son capaces de estar quietos durante largos períodos sin volver loco al dueño». En las semanas o días previos a tu viaje, asegúrate de que tú y tu perro estén completamente preparados para sus aventuras juntos.

Vuelos y Estancias en Hoteles

Antes de salir de casa, debes asegurarte de que la aerolínea con la que vas a volar o el hotel en el que te vas a alojar acepten perros. Si haces esto con suficiente antelación, podrás realizar eventuales modificaciones con anticipación sin el estrés de cambios de último momento en tus planes de viaje. La mayoría de las aerolíneas y hoteles cobran tarifas adicionales por los perros, así que asegúrate de preguntar sobre estas y presupuestar en consecuencia. Es posible que debas pagar por adelantado por tu perro, o puedes pagar cuando llegues al aeropuerto o al hotel.

Si planeas volar con tu Rhodesian Ridgeback, debes saber que tu perro probablemente viajará en la bodega de carga del avión. Los aviones modernos tienen secciones especiales con clima controlado en la bodega de

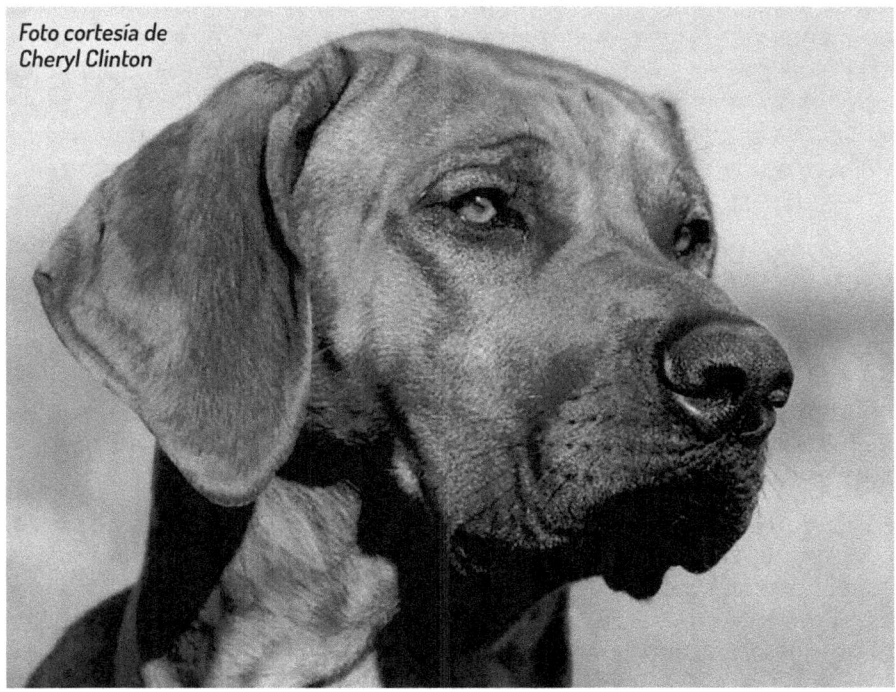

Foto cortesía de Cheryl Clinton

Foto cortesía de Stephanie Egger

carga que están específicamente diseñadas para acomodar animales, por lo que siempre que tu perro esté lo suficientemente saludable para viajar, estará bien. Solo se permite que los animales pequeños, generalmente de menos de 9 kilogramos, viajen en la cabina del avión. La excepción a esta regla son los animales de servicio. Siempre que informes a la aerolínea con anticipación que planeas viajar con tu perro, no deberías tener problemas. Sin embargo, asegúrate de acostumbrarlo a su transportín antes de viajar. No querrás que su primera experiencia con una jaula sea camino al aeropuerto.

La mayoría de las aerolíneas tienen pautas estrictas sobre el tamaño y la forma de los transportines, así que asegúrate de consultar con la aerolínea que utilizarás para ver si tu transportín será permitido o si necesitas hacer algún cambio. Dependiendo de tu destino, también puedes necesitar ciertos documentos de salud firmados por tu veterinario. Descubrir este tipo de información en el último minuto puede ser desastroso, así que asegúrate de hablar con un representante de la aerolínea con suficiente anticipación para asegurarte de tener todo en orden.

Hay muchos hoteles en todo el mundo, en todos los niveles de precio, que se consideran aptos para perros. Algunos pueden cobrar tarifas menores por perros, mientras que otros permiten que las mascotas se alojen gratis, pero generalmente solo en ciertas habitaciones. Algunos hoteles incluso ofrecen golosinas de cortesía a sus huéspedes peludos. No importa cuán amigable con los perros sea el hotel, es tu responsabilidad asegurarte de que tu perro sea un huésped respetuoso. Llevar un perro fuera de control y sin entrenar a un hotel dejará una impresión negativa en el personal del hotel, y tú serás responsable de cualquier daño causado por tu perro durante tu estadía. La socialización y el adiestramiento adecuados son esenciales para cualquier propietario de perros que viaje, así que asegúrate de prepararte para tu viaje en consecuencia.

Residencias Caninas vs. Cuidadores de Perros

Foto cortesía de Caroline Higgins

Viajar puede ser lo suficientemente estresante si tienes que preocuparte por no llevar contigo a tu Rhodesian Ridgeback. Sin embargo, encontrar el alojamiento temporario o el cuidador de mascotas perfecto puede ayudar a aliviar ese estrés y permitirte concentrarte en tu viaje. Ya sea que elijas una residencia canina o un cuidador de mascotas, es importante no hacer una reserva con la primera persona con la que hables. Investiga y asegúrate de que la persona o las personas que cuidan a tu perro en tu ausencia harán un buen trabajo. Antes de decidir dónde dejarás a tu perro, también debes considerar la personalidad de tu Ridgeback y qué tipo de entorno prefiere. Si es extrovertida y juguetón, puedes disfrutar de una instalación de alojamiento que haga grupos de juego, o incluso una instalación sin jaulas para que pueda estar con sus nuevos amigos las 24 horas. Pregunta a tu familia o amigos con quién dejan a su perro cuando viajan.

Dependiendo de tu presupuesto y del tipo de área en la que vives, es posible que tengas bastantes alojamientos temporarios para elegir. Las instalaciones básicas de alojamiento probablemente serán tu opción más económica. Este tipo de residencias mantienen a tu perro en una jaula o recinto simple y le proporcionan dos o tres salidas para ir al baño por día. A menudo, se permite que los perros de la misma familia se queden en la misma jaula si son lo suficientemente grandes. La mayoría de las veces, las instalaciones básicas de alojamiento no cuentan con personal durante la noche. Sin embargo, las residencias caninas de lujo se están volviendo más populares en muchas áreas. Estas ofrecen una variedad de servicios que pueden incluir camas elevadas, televisores y sesiones de juego grupales o individuales. El alojamiento sin jaulas también está ganando popularidad. En las instalaciones sin jaulas, tu perro pasará el día jugando en un entorno de manada y sus noches durmiendo junto a sus nuevos amigos. Para perros amigables y enérgicos, esta es una manera perfecta de mantenerse en forma y ocupados en tu ausencia. Sin embargo, los perros más reservados pueden sentirse abrumados, por lo que si tu perro es tímido, es posible que desees encontrar una instalación que ofrezca atención individual en lugar de tiempo de juego en grupo. Cuantos más servicios ofrezca una instalación, más cara será, así que considera tu presupuesto al buscar la residencia adecuada.

Si tu perro es tímida o nervioso con extraños, podría estar más cómodo en un entorno hogareño con un cuidador profesional de mascotas que en una residencia canina. Estos cuidadores de mascotas pueden venir a tu casa todos los días para pasear a tu perro y pasar tiempo con el, llevarlo a su hogar durante el tiempo de tu ausencia, o quedarse a dormir en tu propia casa. Esta es una gran opción para perros tímidos, o aquellos que se estresan por los cambios. Si tienes otras mascotas o necesidades domésticas, como regar plantas o recoger el correo, los cuidadores de mascotas también son muy útiles. En general, los cuidadores de mascotas suelen ser más

Foto cortesía de Michelle Gasaway

caros que las residencias caninas. Sus tarifas también pueden variar según la cantidad de mascotas que tengas y qué otras tareas les solicites realizar.

No importa con quién elijas dejar a tu Ridgeback, asegúrate de investigar para asegurarte de que tu perro esté en buenas manos. La mayoría de los cuidadores de mascotas y las instalaciones de alojamiento de buena reputación responderán con gusto cualquier pregunta que tengas y te permitirán recorrer sus instalaciones u hogar. Pregúntales si requieren vacunas específicas o tienen otros requisitos antes de dejar a tu perro. Si estás interesado en llevar artículos de casa, como juguetes o mantas, pregúntales si esto está permitido o se recomienda. Si llevas artículos de casa, asegúrate de escribir su nombre o el nombre de tu perro en todo para que puedan devolverlo al final de la estadía. Algunas instalaciones te permiten elegir entre alimentar a tu perro con la comida que ellos ofrecen o traer comida de casa, así que asegúrate de preguntar sobre esto y mencionar cualquier alergia o sensibilidad que tu perro pueda tener. Muchas instalaciones de alojamiento y cuidadores de mascotas también ofrecen días de prueba, donde solo dejas a tu perro durante unas horas para asegurarte de que sea una buena opción para todos.

CAPÍTULO 14
Nutrición

Importancia de una Buena Alimentación

Una dieta saludable y equilibrada es esencial para el bienestar de tu Rhodesian Ridgeback. Tu perro necesita el balance correcto de vitaminas y minerales para desarrollar y mantener huesos y músculos sanos, así como un pelaje brillante. Las grasas y proteínas nutren el cuerpo de tu perro y le proporcionan la energía necesaria para mantenerse activo contigo y tu familia, o para desempeñarse en las exposiciones caninas.

Sin una dieta adecuadamente equilibrada, los perros corren el riesgo de desarrollar afecciones a largo plazo e incluso potencialmente mortales. Aunque no siempre están relacionadas con la dieta, la pancreatitis, los cálculos renales o vesicales, y las enfermedades cardíacas pueden ocurrir debido a un desequilibrio de nutrientes en la alimentación. Los perros con deficiencias en el sistema inmunológico también pueden desarrollar alergias

o sensibilidades alimentarias. Si bien no puedes prevenir completamente que tu perro enferme, proporcionarle una dieta equilibrada le dará la mejor oportunidad de llevar una vida larga y saludable.

Muchos fabricantes de alimentos para mascotas etiquetan sus productos como adecuados para "todas las etapas de vida". Los alimentos con esta etiqueta pueden ser o no apropiados para tu Rhodesian Ridgeback, dependiendo de su edad y estado de salud. No esperes alimentar a tu perro con el mismo alimento durante toda su vida. A medida que los perros envejecen y su salud cambia, sus dietas pueden necesitar ajustes. Los alimentos dirigidos a perros de ciertos grupos de edad, como cachorros y perros mayores, generalmente contienen un balance ligeramente diferente de nutrientes y calorías, por lo que pueden ser más apropiados para las necesidades de tu perro. Muchos veterinarios recomiendan cambiar a un perro a alimento para perros mayores alrededor de los siete u ocho años de edad. Los alimentos para perros mayores típicamente contienen menos calorías y pueden incluir más fibra o soporte para las articulaciones. Para perros grandes, como los Rhodesian Ridgeback, la mayoría de los fabricantes recomiendan alimentar con comida para cachorros hasta aproximadamente un año de edad, momento en el cual pueden cambiarse a alimento para adultos, o uno etiquetado para todas las etapas de vida.

Los alimentos comerciales para mascotas han sido desarrollados por equipos de nutricionistas y científicos para cumplir con ciertos estándares. La Federación Cinológica Internacional (FCI) establece los estándares para todos los alimentos comerciales para mascotas. Si un alimento no cumple con los requisitos establecidos, debe ser retirado del mercado. Dado que no existen leyes que regulen las dietas caseras, si eliges alimentar a tu Rhodesian Ridgeback con una dieta casera o cruda, debes investigar para asegurarte de que le estás proporcionando el balance correcto de nutrientes. Si alguna vez tienes dudas sobre la calidad del alimento que estás proporcionando a tu Ridgeback, no dudes en consultar a tu veterinario o a un nutricionista veterinario para obtener asesoramiento.

Diferentes Tipos de Alimentos Comerciales

El tipo de alimento más popular para perros, por un margen enorme, son las croquetas. Cuando piensas en comida para perros, probablemente imaginas esos pequeños trozos redondos de alimento crujiente. La razón por la que las croquetas son tan populares es su conveniencia. Es fácil llegar a casa después de un largo día de trabajo y darle a tu perro sus habituales porciones de croquetas para luego ocuparte de las tareas domésticas.

Algunos dueños de perros incluso optan por dejar un plato de comida para que sus perros puedan comer cuando quieran. Sin embargo, Susan Landers de Pistol Packin' Puppies recomienda lo contrario. Ella dice: "No alimentes libremente. Los Ridgebacks son glotones. Comerán mientras haya comida. Proporciona la cantidad recomendada incluso si parecen seguir hambrientos". Otra razón por la que las croquetas son tan populares es la variedad de opciones disponibles. Si tu perro necesita cierta proteína o sufre de una afección cardíaca, puedes encontrar croquetas diseñadas para satisfacer sus necesidades de salud. Incluso hay croquetas bajas en calorías para perros que necesitan perder peso. Las croquetas están disponibles en una amplia variedad de niveles de calidad y precios, así que considera tu presupuesto antes de comprometerte con un determinado tipo de alimento.

La comida enlatada es otra opción popular y conveniente. Es más blanda que las croquetas, por lo que es una buena opción para perros con prob-

Foto cortesía de
Kaitlyn Lamping

lemas dentales. También suele ser un poco más apetitosa, por lo que a menudo atrae a perros exigentes. Al igual que las croquetas, existe una variedad casi infinita de alimentos enlatados diseñados para cada necesidad dietética. La comida enlatada contiene más humedad que las croquetas, por lo que suele ser una buena elección para perros mayores o aquellos que no beben suficiente agua durante el día. Cabe señalar que la comida enlatada tiende a adherirse más a los dientes de los perros que las croquetas, por lo que si alimentas con una dieta estricta de comida enlatada, tu perro puede necesitar limpiezas dentales más frecuentes.

Las dietas frescas refrigeradas están ganando popularidad entre los dueños que desean alimentar a sus perros con una comida casera, pero simplemente no tienen el tiempo o el deseo de hacerlo. Puedes encontrar estos tipos de alimentos en la sección refrigerada de tu tienda local de mascotas. Al igual que la comida enlatada, la comida fresca es generalmente más blanda que las croquetas. Normalmente se envasa en rollos bien compactos, que pueden cortarse en porciones de tamaño adecuado. Después de cortar la comida de tu perro, simplemente sella el rollo y colócalo de nuevo en el refrigerador para la próxima vez. La comida fresca suele ser más cara que las croquetas o la comida enlatada, por lo que puedes necesitar considerar esto al decidir qué alimentar a tu Ridgeback.

Las dietas crudas comerciales también se están volviendo más populares. Típicamente, estas consisten en una mezcla cuidadosamente formulada de carne, órganos, huesos y vegetales. Generalmente no contienen exceso de granos o carbohidratos. Esta mezcla nutricionalmente equilibrada se forma en medallones o nuggets y se congela. Muchos dueños de mascotas y veterinarios por igual están viendo los beneficios de alimentar a sus perros con lo que comían sus ancestros. Las dietas crudas caseras pueden ser costosas y consumir mucho tiempo, por lo que la comida cruda comercial proporciona a los dueños una manera de alimentar a su perro con la dieta deseada sin comprometerse a horas de preparación de alimentos. Junto con la comida cruda en la sección de congelados de tu tienda local de mascotas, también puedes encontrar leche de cabra para complementar la dieta de tu perro, así como huesos crudos para masticar recreativamente y mantener los dientes de tu mascota limpios y saludables. Las dietas crudas comerciales se elaboran a partir de una variedad de proteínas diferentes para adaptarse a perros con sensibilidades alimentarias.

Alimentos Caseros y Recetas

Cuando preparas la comida de tu perro en casa, sabes exactamente lo que contiene y si contiene o no ingredientes a los que tu perro es sensible. Sin embargo, las dietas caseras suelen ser más caras que las dietas comerciales y requieren mucho más trabajo. Necesitas considerar cuánto tiempo, esfuerzo y dinero estás dispuesto a invertir en la dieta de tu perro antes de comprometerte a alimentarlo con una dieta casera. También es crucial que una dieta casera contenga el equilibrio adecuado de nutrientes. Los desequilibrios en la dieta generalmente no se manifiestan de inmediato, pero pueden tener efectos a largo plazo o incluso permanentes en la salud de tu perro. Si tienes alguna duda sobre si la dieta casera de tu Ridgeback está nutricionalmente equilibrada, puede ser conveniente consultar a un nutricionista veterinario.

Como se mencionó anteriormente, un tipo popular de comida casera para perros es la dieta cruda. Las dietas crudas se categorizan típicamente como Modelo de Presa Cruda (PMR, por sus siglas en inglés) o Cruda Biológicamente Apropiada (BARF, por sus siglas en inglés). Las dietas PMR están destinadas a reflejar la dieta de un perro salvaje compuesta por presas enteras. El equilibrio de carne, órganos y huesos refleja los porcentajes aproximados de cada uno en un animal de presa completo. La única diferencia importante entre las dietas BARF y PMR es la cantidad de frutas y verduras que se alimentan. BARF permite que un cierto porcentaje de la dieta del perro sea de origen vegetal, mientras que la dieta PMR no lo hace. Las dietas crudas a menudo se complementan con caldo de huesos, leche cruda de cabra o caldo de pescado. Los que alimentan con dieta cruda también suelen proporcionar huesos grandes para masticar recreativamente y ayudar a limpiar los dientes de su perro.

Los ingredientes de las dietas caseras cocidas son similares a las dietas crudas, ya que la comida es principalmente a base de carne, a veces con verduras. La principal diferencia es que las dietas cocidas a menudo permiten que un porcentaje significativo esté compuesto por carbohidratos como patatas, cebada o arroz. Los dueños que alimentan con dietas cocidas a menudo complementan las comidas de sus perros con mezclas de vitaminas, algas marinas, o productos lácteos como yogur o kéfir. Al igual que con una dieta cruda, debes investigar para asegurarte de que las comidas de tu perro estén equilibradas, o consultar a un profesional.

Comida para Personas—Tipos Dañinos y Aceptables

Si alimentar a tu Ridgeback con comida para personas es una buena idea o no, es un tema de intenso debate. Algunos dueñoss se sienten cómodos alimentando a sus perros con una variedad de alimentos para personas, mientras que otros se niegan a hacerlo en absoluto. Sin embargo, antes de tomar una postura sobre el tema, es importante entender que hay tipos de alimentos para personas que pueden ser beneficiosos para tu perro y también tipos que pueden ser perjudiciales.

A menos que estés alimentando a tu perro con una dieta estricta de PMR, puede estar bien darle frutas y verduras. Ciertas frutas y verduras son excelentes tentempiés y golosinas, especialmente para perros que necesitan reducir su cintura. Verduras como el brócoli, las batatas, los guisantes y las zanahorias son seguras y deliciosas. Muchos perros también encuentran apetecibles las espinacas, las judías verdes, el calabacín y el pepino. La fruta debe administrarse con menos frecuencia que las verduras debido al mayor contenido de azúcar. Sin embargo, las frutas seguras incluyen manzanas, plátanos, fresas, sandía y arándanos. La piña, el melón, las frambuesas y las moras también pueden ser golosinas o tentempiés saludables. Cabe señalar que no todas las frutas y verduras son seguras para el consumo de los perros. Las cebollas, el ajo y las uvas pueden ser tóxicos para los perros. Las frutas con hueso, como las cerezas o los melocotones, son seguras, pero solo si se ha eliminado el hueso.

Algunos tipos de alimentos para personas son adecuados para que los perros los coman, pero solo en pequeñas cantidades. El queso y la mantequilla de cacahuete son golosinas populares, pero pueden ser bastante altos en calorías, por lo que solo deben administrarse con moderación. Los alimentos con un contenido de grasa particularmente alto pueden afectar negativamente al sistema endocrino de un perro. Los alimentos salados, como las palomitas de maíz y el tocino, también deben limitarse. Los lácteos también deben limitarse, ya que algunos perros los toleran bien mientras que a otros les pueden causar malestar digestivo.

La mayoría de los dueños de perros saben que el chocolate es tóxico para los perros, pero hay tambiénotra serie de alimentos para personas que deben mantenerse alejados de sus mascotas. Los alimentos que contienen cafeína o el edulcorante artificial xilitol son increíblemente tóxicos para los perros. El café, el té y los chicles y caramelos sin azúcar deben mantenerse alejados de tu Ridgeback. El alcohol también es venenoso para los perros, así que mantén tu armario de licores bien cerrado. Si sospechas que tu perro puede haber ingerido algo tóxico, contacta a tu veterinario o a la clínica veterinaria de emergencia local lo antes posible. Cuanto antes pueda recibir tratamiento tu perro, más probable será que sobreviva.

Foto cortesía de Mike Krzyza

Control de Peso

Según la Asociación para la Prevención de la Obesidad en Mascotas, aproximadamente el 54 por ciento de los perros americanos se consideran obesos, o más del 30 por ciento por encima de su peso ideal. La obesidad puede causar una variedad de condiciones relacionadas y puede limitar severamente la capacidad de tu Ridgeback para disfrutar de la vida. El exceso de peso es duro para las articulaciones e incluso los perros jóvenes con sobrepeso pueden tener dificultad para levantarse o moverse. Sin embargo, la obesidad es completamente prevenible, siempre y cuando puedas vigilar de cerca el peso de tu perro y ajustar su dieta en consecuencia. Puede ser tentador ceder ante esa adorable cara suplicante, pero debes resistir. Los Rhodesian Ridgebacks aman su comida, así que incluso si actúan como si tuvieran hambre, es poco probable que estén muriendo de hambre. Para determinar si tu perro está en el peso correcto, obsérvalo desde arriba y de lado. Debe tener una cintura visible desde arriba y un abdomen definido desde el lado. Las costillas deben sentirse fácilmente. Si no estás seguro de si tu perro tiene un peso saludable, consulta a tu veterinario.

Además de una dieta saludable, tu perro debe recibir entre 30 minutos y dos horas de ejercicio todos los días. Esto puede incluir tiempo de juego, sesiones de entrenamiento, y paseos o caminatas. Cuanto más se mueva tu perro, más calorías quemará, por lo que más podrá comer. Si no puedes soportar ver a tu perro comiendo cantidades tan escasas, entonces necesitas aumentar su ejercicio para que pueda quemar las calorías extra que insistes en darle.

El tamaño adecuado de la porción es el factor más importante en el manejo del peso de tu perro. Es esencial que alimentes a tu perro solo con lo que necesita para mantener su peso. La mayoría de los fabricantes de alimentos para mascotas etiquetan los envases con tamaños de porciones sugeridos. Estos deben usarse como una guía aproximada para determinar cuánto alimentar a tu perro. Ten en cuenta que estas cantidades sugeridas no toman en consideración la edad de tu perro, el nivel de actividad y las condiciones de salud o limitaciones físicas. Es un buen punto de partida, pero si notas que tu perro está ganando o perdiendo peso, es posible que debas ajustar sus porciones en consecuencia. Si tienes alguna duda sobre si tu Ridgeback tiene un peso saludable, consulta a un veterinario o nutricionista.

Al calcular la ingesta calórica diaria de tu Ridgeback, no olvides sus golosinas. Las golosinas a menudo se olvidan al calcular las porciones de comida de tu perro, así que asegúrate de contar esas calorías extra. Si tu perro está en una dieta estricta, siempre puedes usar una porción de su cantidad diaria de croquetas durante las sesiones de entrenamiento. También puedes usar opciones saludables y bajas en calorías como frutas o verduras.

CAPÍTULO 15
Acicalamiento de tu Rhodesian Ridgeback

Aspectos básicos del pelaje

Los Rhodesian Ridgebacks son una raza de pelo corto que requiere muy poco acicalamiento. Sus pelajes lisos, con su característica cresta a lo largo de la columna vertebral, son fáciles de mantener con un cepillado regular y un baño ocasional. Tener un perro de pelo corto significa que no tendrás que cepillar nudos o enredos, pero aún así tendrás que lidiar con la muda. Según Carol Vesely de Northstar Rhodesian Ridgebacks, "Los Ridgebacks mudan pelo. Su pelo es corto y firme, no largo y sedoso. No es el tipo de pelo que se puede cepillar fácilmente de un suéter. Los pequeños pelos se adhieren a la lana y necesitan ser extraídos con más esfuerzo. La ropa de lana negra y los Ridgebacks no se llevan muy bien". Los Rhodesian Ridgebacks se consideran perros con un nivel medio de muda, por lo que si bien no te encontrarás cubierto de pies a cabeza con pelo de

Foto cortesía de Steve Warwick

perro, aún encontrarás evidencia de tu Ridgeback por la casa y en los muebles. Es posible que notes que tu Ridgeback muda más durante ciertas épocas del año, típicamente en primavera y otoño, y podrías necesitar cepillar o bañar a tu perro con más frecuencia en esos momentos.

Baño y cepillado

Aunque los Rhodesian Ridgebacks tienen pelo corto, necesitarás incluir sesiones regulares de cepillado en tu programa semanal. Los pelajes cortos y apretados de los Ridgebacks generalmente solo necesitan ser cepillados una o dos veces por semana para mantenerse saludables. Cepillar a un perro de pelo tan corto puede parecer una pérdida de tiempo, pero estimula el flujo sanguíneo hacia la piel y distribuye uniformemente los aceites naturales del pelaje. También eliminas el pelo muerto y la caspa, que de otro modo se esparcirían por la casa.

Una de las mejores herramientas para acicalar a un Rhodesian Ridgeback es un cepillo de goma tipo curry. Los cepillos de goma están disponibles en una amplia variedad de formas y tamaños, por lo que deberías poder encontrar uno que se ajuste cómodamente a tu mano. Este tipo de cepillo puede usarse sobre el pelaje seco, así como durante el baño. Para usarlo, sujeta el cepillo firmemente y muévelo de manera circular alrededor del pelaje de tu perro. Usa presión suave y asegúrate de evitar áreas óseas o sensibles, como las patas inferiores y la cabeza. En el baño, este cepillo puede usarse para distribuir el champú por todo el pelaje y eliminar el pelo muerto y la piel descamada. También podría interesarte usar guantes de acicalamiento para cepillar a tu Ridgeback. Los guantes de acicalamiento son guantes de tela con palmas y dedos de goma texturizados. Funcionan igual que los cepillos de goma tipo curry y son excelentes para los baños porque no se resbalarán de tus manos. Ambos cepillos proporcionan una sensación de masaje relajante para tu perro, ¡así que no te sorprendas cuando comience a emocionarse con las sesiones de acicalamiento! Las cuchillas para eliminar pelo también pueden usarse en un Ridgeback, pero se debe tener cuidado de no rayar o irritar la piel. Usa presión suave con una cuchilla para eliminar pelo y evita partes sensibles del cuerpo como la cabeza, el vientre, las patas y la cola.

Los Rhodesian Ridgebacks requieren solo baños ocasionales para mantenerlos con buen aspecto y olor limpio. Dependiendo de cuánto le guste ensuciarse a tu Ridgeback cuando juega, probablemente solo necesitarás bañarlo cada cuatro a ocho semanas. La mayoría de los peluqueros profesionales no recomiendan bañar a tu perro con más frecuencia que cada cuatro semanas porque porque de lo contrario se podrían eliminar los aceites naturales del pelaje y resultar en piel seca y con picazón. Tampoco se recomienda esperar más de ocho semanas entre baños. El baño regular no solo ayuda a limpiar el pelaje de exceso de aceites, suciedad y caspa, sino que también te da la oportunidad de revisar a tu perro de pies a cabeza. Podrás detectar cualquier problema potencial de piel o pelaje en sus primeras etapas. Es posible que necesites bañar a tu Ridgeback con más o menos frecuencia dependiendo de la temporada y el clima. Con cada sesión de cepillado, podrás evaluar su pelaje para determinar si necesita un baño.

Al bañar a tu Rhodesian Ridgeback, es importante que el champú llegue hasta la piel, en lugar de quedarse solo en la superficie del pelaje. Aquí es donde herramientas como el cepillo de goma tipo curry pueden ser útiles. Los cepillos o guantes de acicalamiento ayudarán a masajear el champú a través del pelaje hasta la piel. Al lavar a tu perro, asegúrate de evitar que entre agua o champú en sus ojos u orejas. El champú puede irritar y potencialmente dañar los ojos de tu perro, y el exceso de humedad en las orejas puede provocar infecciones. Algunos peluqueros colocan bolas de algodón en las orejas del perro antes del baño para ayudar a mantener el agua fuera. Si eliges hacer esto, asegúrate de quitar las bolas de algodón después del baño. Después de aplicar el champú, deberás enjuagar a tu perro completamente, ya que cualquier champú que quede en el pelaje puede causar irritación. Una buena regla general es enjuagar hasta que creas que tu perro está libre de champú, y luego enjuagar una vez más para estar seguro. El uso de acondicionador es opcional, pero si el pelaje de tu Ridgeback parece seco o dañado, o está sufriendo de picazón en la piel, el acondicionador puede ser bastante beneficioso. Una vez más, asegúrate de enjuagar todo el acondicionador de su pelaje. Dado que los Ridgebacks tienen un pelaje tan corto, generalmente es suficiente secarlo con una toalla.

El tipo de champú y acondicionador que utilices dependerá de tus propias preferencias, así como de la salud de la piel de tu perro. Hay muchos tipos diferentes de champús disponibles, por lo que si necesitas uno para piel con picazón, control de olores o incluso eliminación de olor a zorrillo, podrás encontrar lo que estás buscando. Es importante verificar los ingredientes del champú antes de comprarlo, especialmente si tu Ridgeback tiene la piel sensible. Tú quieres un champú con ingredientes más naturales y menos químicos para reducir las posibilidades de irritación de la piel o reacción alérgica. Cabe señalar que muchos champús naturales no utilizan los químicos necesarios para hacer burbujas, por lo que aunque no sean tan espumosos como otros champús, siguen limpiando eficazmente. También puedes querer invertir en un champú sin agua para usar entre baños. El champú sin agua generalmente viene en un frasco con atomizador y simplemente se puede rociar sobre tu perro y limpiar.

Corte de uñas

Existen dos métodos para cortar las uñas de tu Rhodesian Ridgeback. Ambos métodos tienen aspectos positivos y negativos, por lo que es posible que desees probarlos antes de decidir cuál prefieres. El método más común es utilizar cortaúñas tipo tijera. Estos cortan bien y normalmente no conllevan el riesgo de aplastar o dañar la uña. (Evita los cortaúñas tipo guillotina por esta razón). Son fáciles de usar, incluso para dueños sin experiencia en el corte de uñas de sus perros. Una desventaja de los cortaúñas tipo tijera es que es fácil cortar la uña demasiado corta, cortando el suministro de sangre de la uña, o matriz. Esto puede ser doloroso para el perro y puede volverse resistente al corte de uñas si se le corta hasta la matriz con frecuencia.

El otro método de corte de uñas es usar una amoladora, como un Dremel. Con una amoladora, puedes quitar solo una pequeña capa de la uña cada vez, reduciendo las posibilidades de cortar la uña demasiado corta. También puedes redondear los bordes de la uña a medida que avanzas, para que tu perro no raye tus pisos, muebles o familia. Sandra Fikes de Kalahari Rhodesian Ridgebacks dice: "Me gusta usar un Dremel con un tambor de diamante ya que las uñas de los Rhodesian Ridgebacks pueden ser duras". Se debe tener cuidado de no moler o rayar la piel de un perro. La velocidad del cabezal giratorio puede raspar la piel muy rápidamente si no tienes cuidado.

Hay varios factores diferentes a considerar al decidir con qué frecuencia cortar las uñas de tu Rhodesian Ridgeback. Algunos dueños eligen cortar las uñas semanalmente, mientras que otros lo hacen cada dos o tres semanas. Si tus paseos diarios incluyen mucho tiempo en pavimento, es posible que no necesites cortar las uñas de tu perro con tanta frecuencia como lo harías si caminas sobre césped o tierra. Esto se debe a que la superficie abrasiva del pavimento puede limar las uñas de tu perro mientras caminas. Diferentes perros también crecen las uñas a diferentes ritmos, por lo que si tienes varios perros en tu hogar, es posible que debas ajustar tu programa de corte de uñas a las necesidades específicas de cada perro. La mayoría de los peluqueros recomiendan cortar las uñas al menos cada 4-6 semanas. Cualquier período más largo entre cortes y las uñas pueden volverse lo suficientemente largas como para causar molestias.

Para cortar las uñas de tu Ridgeback, primero debes examinar la uña para determinar hasta dónde llega el suministro de sangre, o matriz. La mayoría de los Ridgebacks tienen uñas oscuras o negras, por lo que puede ser difícil ver la matriz. Independientemente de la herramienta que estés utilizando para cortar las uñas de tu perro, sostén su pata con firmeza pero suavemente. Al cortar o moler cada uña, asegúrate de quitar solo una capa delgada cada vez para evitar cortar la matriz. Con cada capa, estate atento a un punto oscuro en el centro de la uña. Una vez que veas el punto oscuro, casi has llegado a la matriz, por lo que puedes detenerte y pasar a la siguiente uña. Asegúrate de usar muchos elogios y ofrecer premios para recompensar a tu perro por su paciencia.

Si tienes alguna pregunta sobre cómo cortar las uñas de tu Rhodesian Ridgeback o preferirías que un profesional se encargue del trabajo, consulta a tu veterinario o peluquero. Los cortes de uñas suelen ser bastante económicos, y muchas clínicas y peluquerías incluso aceptan visitas sin cita previa para este servicio. La mayoría de los lugares te ofrecerán la opción de usar un cortaúñas o una amoladora, aunque más salones de peluquería están cambiando a amoladoras. El personal veterinario y los peluqueros son profesionales en el manejo de perros, por lo que si estás luchando para controlar a tu perro mientras le cortas las uñas, puede ser mejor que un profesional le enseñe a pararse pacientemente.

Cepillado de dientes

Una buena higiene dental es esencial para la salud y el bienestar general de tu Rhodesian Ridgeback. Más del 80 por ciento de los perros mayores de tres años sufren alguna forma de enfermedad dental. Afortunadamente, los problemas dentales pueden prevenirse fácilmente con cuidados dentales regulares, incluidos exámenes veterinarios anuales y cepillado diario. El cepillado de dientes debe hacerse todos los días para tener un efecto real sobre la placa y el sarro en los dientes de tu perro. Sin el cepillado diario, la placa y el sarro pueden acumularse en los dientes de tu perro. Las bacterias presentes en el sarro provocarán inflamación de las encías, también conocida como enfermedad periodontal, e incluso pueden entrar en el torrente sanguíneo para infectar otras partes del cuerpo. Los perros con enfermedad periodontal también pueden experimentar dificultad para comer debido al dolor o a dientes flojos. Sin embargo, el cuidado dental regular en casa y las visitas a un veterinario pueden ayudar a prevenir la enfermedad periodontal y sus problemas de salud asociados.

Hay muchos tipos diferentes de cepillos de dientes y pastas dentales disponibles en el mercado, por lo que es posible que debas investigar un poco antes de decidir cuál es el mejor para ti y tu perro. La pasta de dientes para perros viene en una variedad de sabores, como vainilla, pollo y mantequilla de cacahuete. Elige un sabor apetitoso para ayudar a atraer a tu perro y animarlo a disfrutar del cepillado de dientes. Nunca debes usar pasta de dientes para humanos en tu perro, ya que contiene ingredientes que pueden ser dañinos para los perros. Una pasta hecha de bicarbonato de sodio y agua también funciona bien en caso de necesidad. También tienes bastantes opciones diferentes para cepillos de dientes. Puedes encontrar cepillos de dientes similares en apariencia a los utilizados por los humanos, o puedes encon-

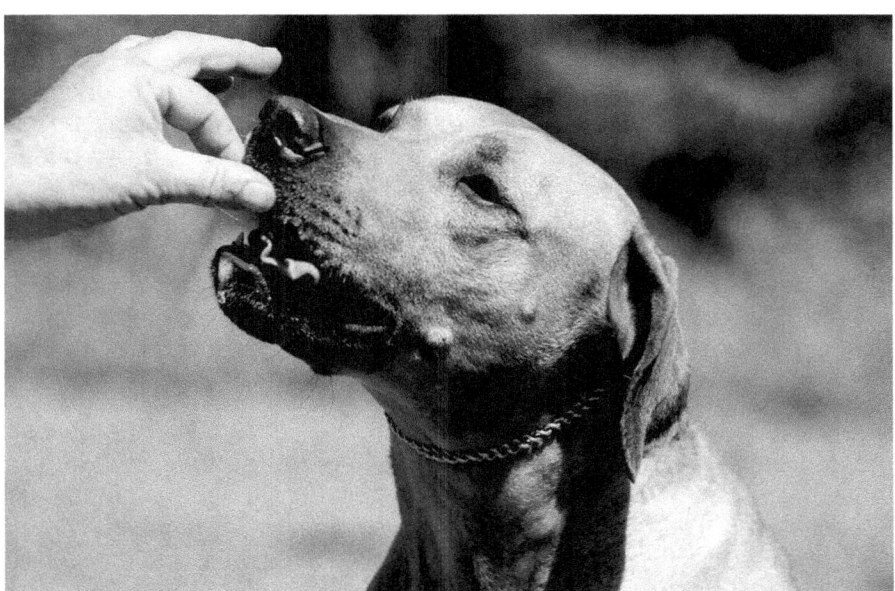

trar cepillos de goma o silicona que se pueden colocar sobre la punta de tu dedo. Considera el tamaño de la boca de tu perro y si deseas o no meter el dedo en su boca al tomar tu decisión.

Antes de cepillar los dientes de tu Ridgeback por primera vez, permítele oler y lamer la pasta de dientes del cepillo. Si le gusta el sabor, aceptará mejor el cepillo de dientes en su boca. Una vez que esté cómodo lamiendo el cepillo, puedes intentar cepillar uno o dos dientes. Comienza lentamente y solo progresa tanto como el lo permita. Usa muchos elogios y refuerzo positivo. Con la práctica, podrás cepillar todos sus dientes y es posible que incluso espere con ansias el proceso.

No importa cómo sea tu rutina dental en casa, tu perro aún necesitará limpiezas dentales profesionales regulares realizadas por tu veterinario. Si eliges no cepillar los dientes de tu perro, tu veterinario probablemente te recomendará que lleves a tu perro cada 6-12 meses para que le limpien los dientes. El cepillado diario puede permitir que tu perro pase más tiempo entre limpiezas profesionales, pero aún es una buena idea tener uno o dos exámenes por año para asegurarte de que los dientes y la boca de tu perro estén saludables.

Limpieza de orejas y ojos

Algunos Rhodesian Ridgebacks pueden ser propensos a infecciones de oído, especialmente si disfrutan nadando o se bañan con frecuencia. Si la humedad entra en el canal auditivo, puede crear el ambiente ideal para el crecimiento de levaduras y bacterias. Las infecciones de oído pueden ser dolorosas e incluso causar daño permanente si se descuidan durante demasiado tiempo, por lo que es mejor prevenirlas si es posible. Es una buena idea limpiar las orejas de tu perro después de cualquier actividad relacionada con el agua, solo para eliminar el exceso de humedad. Mientras limpias las orejas de tu perro, si notas algún olor, enrojecimiento o hinchazón, o si parece estar rascándose mucho las orejas, es posible que ya tenga una infección de oído. Las infecciones de oído son relativamente fáciles de tratar. Un veterinario podrá determinar si la infección se debe a levaduras o bacterias, y puede recetar el medicamento apropiado.

Tu tienda de mascotas local o tu minorista en línea favorito probablemente tiene algunos limpiadores de oídos diferentes para elegir. Es importante elegir un limpiador que no contenga alcohol, ya que puede quemar las orejas sensibles. Si tienes problemas para elegir un limpiador de oídos, pide consejo a tu veterinario o peluquero. Te recomendarán un limpiador de oídos de calidad y también podrán mostrarte cómo limpiar las orejas de tu perro.

Para limpiar las orejas de tu Ridgeback, humedece una bola de algodón en la solución limpiadora de oídos y exprime el exceso. Limpia alrededor del canal auditivo, así como adentro hasta donde pueda alcanzar. No te preocupes por lastimar a tu perro. Siempre que seas suave, no lo lastimarás ni podrás alcanzar ninguna de las estructuras delicadas del oído con tu dedo. Sin embargo, puedes dañar el tímpano u otras estructuras del oído si usas un hisopo de algodón, por lo que es crucial que solo uses una bola de algodón. Después de limpiar el oído de tu perro, repasa todo con una bola de algodón seca para asegurarte de haber eliminado la mayor cantidad posible de humedad. Tu perro puede sacudir o frotar sus orejas en la alfombra o los muebles después, por lo que limpiar la mayor cantidad posible del limpiador ayudará a evitar que se distribuya por toda tu casa.

La mayoría de los Rhodesian Ridgebacks no necesitan que se les limpien los ojos. Sin embargo, algunos pueden tener ojos llorosos debido a alergias u otros problemas de salud. Si tu Ridgeback tiene ojos llorosos, es posible que debas limpiar su cara regularmente para evitar que crezcan levaduras. Si tu perro desarrolla manchas de lágrimas rojizas con un olor distintivo, puede tener una pequeña infección por levaduras. Aunque las manchas de lágrimas no son dañinas para tu perro, son desagradables, especialmente

Foto cortesía de
Adam Sexton

si comienzan a oler. Hay muchos productos diferentes en el mercado que puedes usar para limpiar la cara de tu perro. Es mejor no usar champú para limpiar el área, ya que corres el riesgo de que entre champú en los ojos de tu perro. Una toallita medicada, o incluso solo un paño húmedo, eliminará cualquier suciedad o mugre y ayudará a prevenir las levaduras.

Cuándo es necesaria la ayuda profesional

Aunque los Rhodesian Ridgebacks no son perros difíciles de acicalar, son bastante grandes y pueden ser revoltosos. No hay vergüenza en pedir ayuda profesional si no puedes o no quieres acicalar a tu Ridgeback tú mismo. De hecho, llevar a tu perro a un peluquero es una excelente manera de socializarlo y enseñarle a respetar a los demás y tolerar ser manipulado por personas que no sean tú. Los peluqueros también son expertos en enseñar a los perros a pararse pacientemente mientras son atendidos. También son conocedores del cuidado de la piel y el pelaje y pueden detectar cualquier problema potencial o responder cualquier pregunta que puedas tener.

Los peluqueros también son expertos en el manejo de perros difíciles. Si estás luchando para que tu perro se pare correctamente mientras le cortan las uñas o mientras lo cepillan, es posible que desees consultar a un profesional. Muchos peluqueros en realidad dan la bienvenida a perros difíciles porque entienden cómo calmarlos y enseñarles a no tener miedo. Incluso si tu perro está nervioso las primeras veces que visita al peluquero, después de que desarrolle una relación con su peluquero, probablemente esperará con ansias sus visitas regulares con su nuevo amigo.

CAPÍTULO 16
Cuidados Básicos de Salud

Visitas al Veterinario

Aunque muchas personas solo llevan a sus perros al veterinario cuando están enfermos o lesionados, los chequeos veterinarios rutinarios son esenciales para la salud de tu Rhodesian Ridgeback. Dependiendo de la edad y salud de tu perro, la mayoría de los veterinarios recomiendan un examen cada 6-12 meses. Puede parecer innecesario lle-

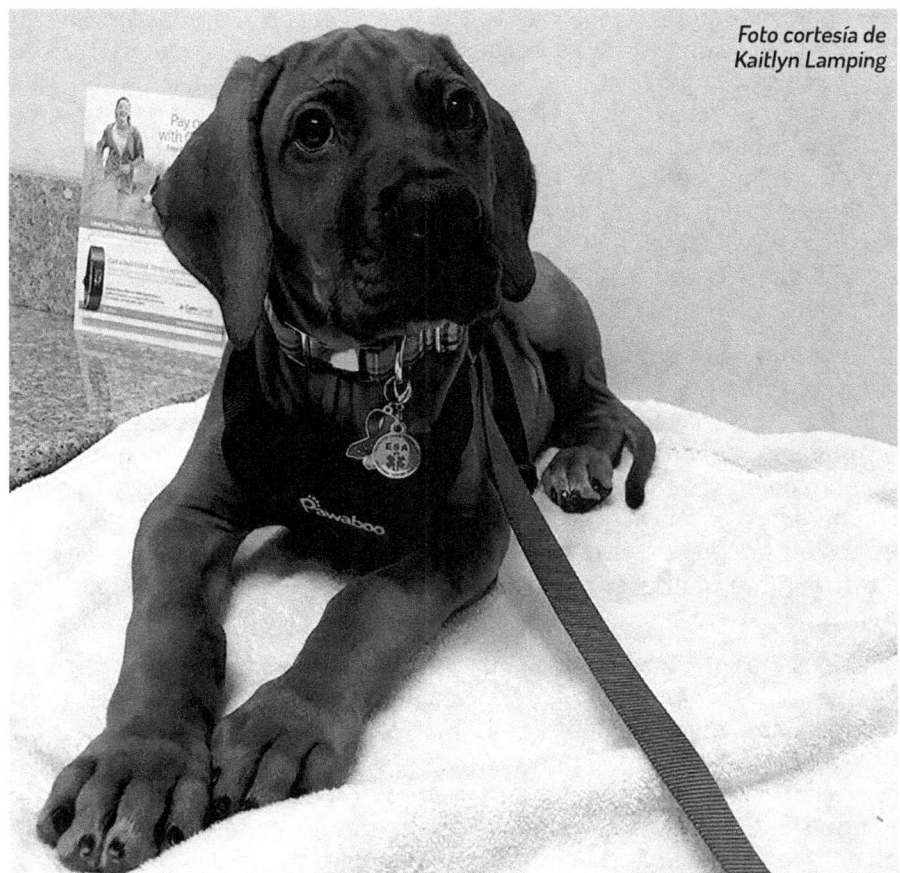

Foto cortesía de Kaitlyn Lamping

var a tu perro al veterinario con tanta frecuencia si no muestra signos de problemas de salud, pero estas visitas están destinadas a prevenir problemas de salud, en lugar de tratarlos. Detectar condiciones graves en sus etapas iniciales puede potencialmente salvar la vida de tu perro. Además, las citas veterinarias rutinarias te dan la oportunidad de discutir el peso y la salud general de tu perro con tu veterinario. También podrás mantenerlo al día con las vacunas y la desparasitación.

Pulgas y Garrapatas

Mantener a tu perro libre de parásitos externos no solo es importante para su salud, sino también para tu familia humana. Las pulgas y garrapatas pueden portar y transmitir una variedad de enfermedades tanto a perros como a humanos. Las pulgas pueden transportar tenias así como la bacteria bartonella, que puede causar una infección con síntomas similares a la enfermedad de Lyme. Las pulgas también pueden ser responsables de una condición cutánea conocida como dermatitis alérgica a la picadura de pulga que puede causar que la piel de tu perro se vuelva pruriginosa e inflamada debido a una reacción alérgica a la saliva de las pulgas. En casos de infestaciones graves de pulgas, los animales incluso pueden volverse anémicos, debido a la pérdida de sangre por la alimentación de las pulgas. Las garrapatas también son portadoras de enfermedades como la fiebre manchada de las Montañas Rocosas, la enfermedad de Lyme, la ehrlichiosis y la babesiosis.

El clima en el que tú vives determinará si tu perro necesita o no prevención contra pulgas y garrapatas durante todo el año. En climas más cálidos, hay una mayor probabilidad de que tu perro se infecte en cualquier momento del año, mientras que los climas más fríos pueden reducir el número de meses en los que tu perro está en riesgo. Si dejas a tu perro frecuentemente en residencias caninas, o lo llevas a guarderías para perros, es posible que necesites mantenerlo con prevención contra pulgas y garrapatas durante todo el año. Muchas instalaciones requieren que todos los perros que se alojan con ellos reciban un tratamiento antes de su llegada.

Consulta con tu veterinario sobre qué producto es el mejor para tu área y tu perro. La mayoría de los productos de prevención contra pulgas y garrapatas, independientemente de la marca, vienen en un vial de plástico. Para aplicarlo, se rompe la punta del vial y el líquido del interior se exprime sobre la parte posterior del cuello de tu perro, donde no puede lamerlo. Aunque los Ridgebacks no tienen un pelaje largo, es importante que el líquido entre en contacto con la mayor cantidad de piel posible, así que separa

Foto cortesía de
Rebecca Weddell

el pelo antes de aplicarlo. Algunos perros pueden tener una reacción alérgica a cualquier marca de prevención contra pulgas y garrapatas, así que vigila de cerca a tu Ridgeback la primera vez que lo apliques. Los síntomas incluyen urticaria, picazón, dificultad respiratoria, vómitos y diarrea. Las reacciones graves pueden incluir temblores musculares, falta de coordinación e incluso la muerte, así que ten extrema precaución hasta que sepas cómo responderá tu perro a la prevención contra pulgas y garrapatas.

Los collares antipulgas y garrapatas también son una opción, pero generalmente no se recomiendan, especialmente si tienes otras mascotas en tu hogar. Algunos collares contienen insecticidas fuertes, como el tetraclorvinfos, que pueden causar reacciones graves y pueden ser fatales, especialmente en gatos. Algunos perros también pueden experimentar reacciones graves a los collares antipulgas y garrapatas, como irritación de la piel, pérdida de pelo, trastornos gastrointestinales e incluso convulsiones. La Agencia de Protección Ambiental también considera el tetraclorvinfos como un carcinógeno, por lo que también puedes estar poniendo inadvertidamente en riesgo a los miembros humanos de tu familia al usar estos collares.

Lombrices y Parásitos

Proteger a tu Rhodesian Ridgeback de parásitos internos es tan importante como mantenerlo libre de pulgas y garrapatas. Muchos parásitos intestinales también pueden transmitirse a los humanos, por lo que la desparasitación regular es crucial. El tipo de parásitos a los que tu perro está en riesgo de contraer varía según la zona.

Los gusanos intestinales son especialmente comunes en cachorros, que generalmente los adquieren de perros adultos en su hogar, a menudo sus madres. Se transmiten de un animal a otro cuando un animal no infectado ingiere los huevos o larvas del parásito, que a menudo se encuentran en agua, alimentos, suelo o heces contaminados. Los tipos más comunes de lombrices en perros son las lombrices redondas, los anquilostomas, los tricocéfalos y las tenias. Sin embargo, las lombrices no son el único tipo de parásito interno. Los protozoos como la coccidia y la giardia también pueden ser ingeridos por

Foto cortesía de
Iztok Mozina

Foto cortesía de
Anne Rosén

los perros. Dependiendo del área en la que vivas, también puedes necesitar estar atento a los gusanos del corazón, que se transmiten de un perro a otro por los mosquitos. Aunque la mayoría de las infecciones por parásitos intestinales se tratan fácilmente, el gusano del corazón puede ser más riesgoso, por lo que la prevención es clave. Como su nombre indica, los gusanos del corazón viven en el corazón y el torrente sanguíneo. Durante el tratamiento, el nivel de actividad de un perro infectado debe ser monitoreado de cerca para que los gusanos moribundos no viajen a través del sistema circulatorio del perro demasiado rápido y potencialmente bloqueen arterias vitales.

Los síntomas de parásitos internos incluyen diarrea, vómitos, pérdida de peso y anemia. Los perros con una gran carga de parásitos pueden aparecer desnutridos, pero con un vientre distendido. Los perros también pueden parecer letárgicos o exhibir una tos severa. Sin embargo, debe tenerse en cuenta que algunos perros pueden no mostrar síntomas en absoluto, por lo que las pruebas regulares y la desparasitación son necesarias para la detección y prevención.

Detectar parásitos internos es un procedimiento relativamente simple. Tu veterinario puede tomar una muestra fecal de tu perro y examinarla bajo un microscopio en busca de cualquier signo de huevos o larvas. Para detectar el gusano del corazón, el veterinario necesitará extraer una muestra de sangre de tu perro. La muestra de sangre se mezcla con una solución química y se coloca en un dispositivo de prueba desechable. Los resultados generalmente están listos para leer después de unos quince minutos. Dependiendo de los parásitos encontrados en las muestras de sangre o fecales de tu perro, se recetarán medicamentos orales o inyecciones. Los tiempos de tratamiento variarán desde solo unos pocos días hasta varios meses.

Alternativas Holísticas y Suplementos

La atención veterinaria holística está ganando popularidad a medida que las personas buscan formas más naturales de mantener a sus perros saludables. La medicina holística implica tratar al paciente con terapias tanto convencionales como alternativas, en cualquier combinación que sea necesaria para sanarlos. Si es necesario, los pacientes pueden ser tratados con las mismas cirugías modernas y medicamentos que se encuentran en la medicina veterinaria convencional. Esos tratamientos también pueden combinarse con terapias como ajustes quiroprácticos, acupuntura, medicina herbal e incluso terapia nutricional.

Si tu perro está experimentando una emergencia médica, la medicina veterinaria tradicional será la mejor opción, pero para perros que sufren de condiciones crónicas, las terapias alternativas pueden proporcionar cierto alivio. La medicina holística trata el cuerpo del animal como un todo en lugar de una serie de partes individuales. Por ejemplo, si tu Ridgeback está sufriendo de artritis en sus caderas, una combinación de cambios nutricionales, acupuntura o masaje puede ayudar. Aunque la fuente del dolor está en las caderas de tu perro, un veterinario holístico se centrará en mejorar su salud general para tratar el área específica del problema.

Si estás interesado en visitar a un veterinario holístico, consulta el sitio web de la Federación Cinológica Internacional. Tienen una lista de veterinarios holísticos aprobados que puede ser buscada por las especies tratadas, así como por los tipos específicos de tratamiento ofrecidos. Muchos veterinarios se especializan ya sea por especies o por tratamiento, por lo que la función de búsqueda puede ayudar a reducir tus opciones.

Vacunaciones

Independientemente de la raza o el tamaño, todos los perros requieren vacunas básicas para las enfermedades más comunes. Estas protegen contra enfermedades que prevalecen sin importar dónde viva, como la rabia y el parvovirus. Las vacunas básicas generalmente contienen anticuerpos para varias enfermedades diferentes dentro de una sola jeringa. La vacuna más común se conoce como DHPP, o vacuna pentavalente. DHPP protege contra parvovirus, tos por adenovirus, moquillo, hepatitis y parainfluenza. También puedes tener la opción de una vacuna heptavalente, que también incluye leptospirosis y coronavirus. Como cachorros, la mayoría de los perros reciben una serie de tres vacunas básicas a las seis, doce y dieciséis semanas de edad. Como adultos, las vacunas básicas se administran una vez al año o una vez cada tres años. Tu veterinario podrá darte más información sobre lo que se requiere en tu área y con qué frecuencia tu perro necesita ser vacunado.

La rabia es la única vacuna básica requerida por ley en muchos países. Tu Ridgeback recibirá su primera vacuna contra la rabia alrededor de las 16 semanas de edad. Después de eso, las recibirá una vez al año o una vez cada tres años. Algunas áreas requieren que los perros sean vacunados anualmente, mientras que otras aceptan que sea cada tres años. Tu veterinario estará familiarizado con las leyes locales, así que si tienes alguna pregunta, no dudes en preguntar.

Dependiendo de tu área y las recomendaciones de tu veterinario, también puedes necesitar dar a tu perro vacunas no básicas. Las vacunas no básicas comunes incluyen la enfermedad de Lyme, leptospirosis, tos de las perreras (Bordetella) y veneno de serpiente de cascabel. Típicamente, estas no protegen al animal tan bien o por tanto tiempo como las vacunas básicas. Sin embargo, muchas residencias caninas requieren prueba de vacunación contra la tos de las perreras antes de que se permita a los perros quedarse con ellos.

Las reacciones alérgicas son posibles con las vacunas, por lo que es importante vigilar de cerca a tu perro después de cualquier vacunación. Si tu perro es sensible a las vacunas, es posible que desees considerar darle solo una a la vez. Necesitarás hacer varias citas si tu perro debe recibir más de una vacuna, pero el tiempo extra vale la pena para mantener a tu perro seguro. Los síntomas de una reacción alérgica incluyen hinchazón de la cara o las patas, urticaria, vómitos, letargo y dolor o hinchazón en el sitio de la inyección. Las reacciones graves también pueden incluir dificultad para respirar y convulsiones. Si no estás seguro sobre las reacciones de tu perro a las vacunas, es posible que desees esperar unos minutos en la clínica veterinaria para asegurarte de que tu perro las manejará bien. Las reacciones graves pueden ser fatales si no se tratan inmediatamente.

Como alternativa a las vacunas anuales, muchos veterinarios ofrecen pruebas de titulación. Las pruebas de titulación miden los anticuerpos en la sangre de tu Ridgeback. Si los niveles son lo suficientemente altos y las leyes locales lo permiten, tu perro no necesitará ser vacunado. Las pruebas de titulación solo funcionan con vacunas básicas, ya que las vacunas no básicas no duran lo suficiente como para ser analizadas. Típicamente, tu veterinario extraerá una pequeña muestra de sangre y analizará la sangre en la clínica, o la enviará a un laboratorio para su análisis. Las pruebas de titulación pueden ser más costosas que las vacunas regulares, pero si tu perro es sensible a las vacunas, puede ser tu mejor opción.

Seguro para Mascotas

Para hacer frente a los crecientes costos de la atención veterinaria, muchos dueños han recurrido a seguros para mascotas para ayudar a cubrir los gastos médicos. Hay muchas compañías diferentes que ofrecen una variedad de planes para diferentes presupuestos. Puedes elegir tu plan basándote en la cantidad de cobertura, así como en la prima mensual. Al igual que con el seguro de salud humano, las condiciones preexistentes rara vez están cubiertas, y algunas mascotas pueden requerir primas mensuales más altas o incluso se les puede negar la cobertura basándose en su salud actual o edad. Desafortunadamente, la mayoría de los planes de seguro para mascotas no cubren el costo de la atención preventiva rutinaria. Los exámenes regulares, las vacunas y el cuidado dental probablemente deberán pagarse de tu bolsillo.

Algunas personas afirman que nunca tendrán un perro sin asegurarlo, mientras que otras piensan que la idea es frívola, especialmente para perros que están sanos y permanecen libres de accidentes durante muchos años. Los partidarios acérrimos afirman que en situaciones de emergencia costosas, sus planes les han ahorrado miles de euros. Esas primas mensuales pueden acumularse rápidamente y muchos dueños de mascotas en su lugar optan por reservar una pequeña cantidad de dinero cada mes en caso de emergencias. Es importante hacer mucha investigación con diferentes compañías de seguros antes de decidir si el seguro para mascotas es adecuado para ti y tu perro.

CAPÍTULO 17
Cuidados Avanzados de Salud y Envejecimiento

Enfermedades y Afecciones Comunes en los Rhodesian Ridgebacks

La displasia de cadera se encuentra más comúnmente en razas grandes como el Rhodesian Ridgeback. Esta afección se debe a un desarrollo anormal de la articulación de la cadera, que provoca la degradación del cartílago. Este deterioro conducirá a artritis severa y dolor, aunque cada perro puede reaccionar de manera diferente. Los síntomas de la displasia de cadera pueden incluir disminución del nivel de actividad y del rango de movimiento, así como cojera o balanceo durante los movimientos normales. Casi tres cuartas partes de los perros con displasia de cadera pueden llevar vidas felices y funcionales, pero una adecuada gestión del es-

Foto cortesía de Linda Hafer

tilo de vida es fundamental. El control de peso y el ejercicio físico son esenciales para mantener saludables y en forma a los perros con displasia. Los medicamentos para el manejo del dolor y la cirugía también son posibles tratamientos en casos más severos.

Similar a la displasia de cadera, la displasia de codo es una afección causada por una anomalía en la articulación del codo. Sin embargo, el término 'displasia de codo' en realidad abarca una variedad de condiciones específicas, incluyendo la osteocondritis (OCD), el proceso coronoide fragmentado (FCP) y la incongruencia articular, por nombrar solo algunas. La displasia de codo puede ser genética, o puede ser resultado de una lesión o deficiencia dietética. También se diagnostica con mayor frecuencia en razas grandes y gigantes. La afección puede detectarse en perros desde los cinco meses de edad, pero el diagnóstico después de los cuatro años es más común. Los síntomas incluyen un paso asimétrico, cojera y disminución de la actividad. El tratamiento variará dependiendo de la causa específica de la enfermedad, pero a menudo es necesaria la intervención quirúrgica.

La tiroiditis autoinmune es otra afección que se encuentra frecuentemente en los Rhodesian Ridgebacks, pero afortunadamente no es potencialmente mortal. La enfermedad causa hipotiroidismo, que es cuando la glándula tiroides no produce suficiente tiroxina. La tiroxina es una hormona que controla el metabolismo del perro. La mayoría de los perros comienzan a desarrollar síntomas entre los dos y cinco años de edad. Los síntomas del hipotiroidismo incluyen aumento de peso u obesidad, pérdida de pelo y problemas cutáneos. La tiroiditis autoinmune es fácilmente detectable con un simple análisis de sangre. Incluso puede detectarse antes de que un perro comience a mostrar síntomas, por lo que se recomienda realizar pruebas regulares si cree que tu perro está en riesgo. El tratamiento suele ser económico y consiste en un suplemento o medicamento diario.

Rasgos Genéticos Encontrados en los Rhodesian Ridgebacks

La sordera congénita no ocurre con frecuencia en los Rhodesian Ridgebacks, pero es un problema conocido en la raza. Aunque a veces se produce debido a condiciones experimentadas durante la gestación, como infecciones intrauterinas o exposiciones a toxinas, más a menudo es hereditaria. La sordera hereditaria generalmente es causada por un defecto genético, pero es casi imposible determinar la causa de la sordera a menos que se haya observado en generaciones anteriores. Los criadores pueden examinar a los cachorros para detectar sordera después de los 35 días de edad utilizando la prueba de Respuesta Auditiva del Tronco Cerebral, o prueba BAER. Esta prueba utiliza auriculares para enviar señales auditivas al perro, cuyas respuestas son luego registradas. Los perros que se encuentran sordos en uno o ambos oídos son entonces eliminados del grupo de reproducción mediante la esterilización o castración.

La Arritmia Hereditaria del Rhodesian Ridgeback, o RRIVA, es una enfermedad cardíaca que los cachorros pueden heredar de sus padres. Es una anomalía en el sistema eléctrico del corazón, que conduce a latidos cardíacos irregulares. En casos extremos, esta afección puede ser fatal. La mayoría de los perros exhiben los síntomas más severos entre los 6 y 30 meses de edad, aunque algunos en realidad terminan superando el problema. Afortunadamente, los genes mutados asociados con la enfermedad pueden detectarse mediante una prueba de ADN. Esto permite a los criadores tomar decisiones responsables con respecto a qué perros deberían y no deberían criar, para ayudar a reducir la prevalencia de la afección dentro de la raza.

Fundamentos del Cuidado de Perros Mayores

Las razas grandes como los Rhodesian Ridgebacks generalmente se consideran perros mayores alrededor de los siete años de edad. Esto no significa que necesites hacer cambios serios en el estilo de vida de tu perro el día que cumple siete años, simplemente significa que podrías ver cam-

Foto cortesía de
Gail Krenn

bios en las capacidades físicas y la personalidad de tu perro alrededor de esa edad. El envejecimiento afecta a cada perro de manera diferente, por lo que algunos perros pueden comenzar a actuar como mayores cuando son menores de siete años, y otros pueden no mostrar ningún signo de vejez hasta que están más cerca de los diez años. Ciertas condiciones de salud también pueden causar que algunos perros envejezcan prematuramente.

A medida que tu Ridgeback envejece, puedes comenzar a notar cambios tanto en su comportamiento como en su cuerpo. Los paseos largos pueden volverse más cortos, y sus sesiones de juego pueden volverse menos bulliciosas. Los perros mayores tienden a dormir más y pueden estar un poco rígidos al levantarse de la cama por las mañanas. Algunos perros mayores pueden experimentar pérdida de audición o visión deteriorada, por lo que puedes necesitar ser más cauteloso al acercarte a tu perro por detrás o despertarlo de las siestas. También podrías notar que tu Ridgeback necesita salir al exterior con más frecuencia, o puede comenzar a tener accidentes en la casa. Es común que los perros mayores sufran de incontinencia. También es posible que comiencen a desarrollar síntomas de disfunción cognitiva, también conocida como demencia. Los perros con demencia pueden parecer confundidos a veces, o pueden volverse más temerosos o agresivos. No importa qué signos de envejecimiento muestre tu perro, es importante que los notes y ajustes el cuidado y el entorno de tu perro en consecuencia.

Aseo

A medida que tu Rhodesian Ridgeback envejece, sus necesidades de aseo pueden cambiar. Ya sea que tú mismo asees a tu Ridgeback o tengas un profesional que se encargue de ello, es importante que se mantenga en una rutina normal de aseo. El tiempo dedicado al aseo de tu perro es una oportunidad para que tú o tu peluquero canino verifique la salud general de su piel y pelaje. A medida que los perros envejecen, a veces su pelo comienza a adelgazarse o desarrollan varios bultos y protuberancias. El aseo te da la oportunidad de vigilar de cerca cualquier problema o problema potencial. Podrás revisar a tu perro de una manera que probablemente no harías solo con caricias o mostrándole afecto.

Además de los cambios en el pelaje y la piel, estar de pie durante largos períodos mientras se baña o cepilla puede volverse difícil o incluso imposible para tu Ridgeback. Debido a esto, muchos peluqueros caninos optan por asear a los perros mayores en una serie de sesiones cortas, permitiéndoles descansar durante 15-20 minutos entre cada sesión. Los perros que desarrollan síntomas de demencia pueden volverse más difíciles de manejar. Los peluqueros también deberán ser más cautelosos al manipular a tu Ridgeback mayor debido a las articulaciones artríticas y la piel delicada.

Nutrición

No es raro que los perros mayores comiencen a ganar peso a medida que se vuelven más lentos, por lo que es posible que debas ajustar la dieta de tu Ridgeback. Aunque muchos perros mayores ganan peso, hay muchos que tienen dificultades para mantenerlo y pueden volverse bastante delgados. Dicho esto, la obesidad es una afección común entre los perros mayores y se debe tener cuidado de evitarla, ya que el exceso de peso ejerce más presión sobre las articulaciones artríticas, lo que puede afectar aún más la movilidad.

A medida que tu Ridgeback envejece y su salud general cambia, es posible que debas ajustar su dieta para adaptarse a cualquier condición de salud que pueda desarrollar. Los perros que sufren de diabetes o enfermedades cardíacas necesitarán un tipo especial de alimento. Muchas dietas especializadas como esta deben ser recetadas por un veterinario y solo pueden comprarse en una clínica veterinaria.

Los propietarios de Rhodesian Ridgebacks mayores a menudo optan por complementar la dieta de su perro, en lugar de hacer cambios significativos. Los suplementos para las articulaciones como la glucosamina, el sulfato de condroitina y el ácido hialurónico pueden ayudar a aliviar el dolor de la artritis. También puedes considerar agregar un suplemento de fibra o probióticos a la dieta de tu perro mayor para aliviar los trastornos gastrointestinales relacionados con la edad. Algunos perros mayores pueden perder el apetito, por lo que es posible que debas considerar agregar complementos atractivos a la comida de tu Ridgeback. El caldo de huesos, la comida enlatada o incluso agua tibia pueden ayudar a hacer una comida más apetitosa. Antes de comenzar a agregar cualquier suplemento a la dieta de tu perro, discute la salud actual y la dieta de tu perro con tu veterinario.

Ejercicio

A medida que el metabolismo de tu Rhodesian Ridgeback se ralentiza y sus articulaciones comienzan a doler más, incluso el perro más bullicioso comenzará a disminuir su ritmo. La edad exacta a la que esto ocurre variará, pero ciertas condiciones crónicas pueden limitar la movilidad de tu perro antes de lo esperado. El ejercicio se vuelve cada vez más importante a medida que los perros envejecen para prevenir el aumento de peso, lo que puede causar más daño articular y dolor. Sin embargo, no se debe obligar a los perros mayores a ejercitarse más de lo que se sientan cómodos, ya que esto puede llevar a más dolor y potencialmente a lesiones.

Independientemente de la edad a la que tu Ridgeback comience a disminuir su ritmo, es importante mantener un entorno seguro para que haga ejercicio. Los tramos largos de escaleras y los pisos resbaladizos pueden ser peligrosos para los perros mayores, así que si ejercitas a tu perro en interiores, asegúrate de hacerlo en pisos alfombrados sin demasiados obstáculos. Si prefieres trabajar con tu perro al aire libre, el césped es una gran superficie para los perros mayores, ya que proporciona una cantidad adecuada de agarre y amortiguación. A medida que el esfuerzo físico se vuelve más difícil, es posible que desees ofrecer a tu perro mayor más estimulación mental. Es común que los cuerpos de los perros mayores se ralenticen antes que sus mentes, por lo que la estimulación mental puede ser una excelente manera de mantenerlos ocupados sin la incomodidad asociada con la actividad física.

Dolencias Comunes de la Vejez

La artritis es una de las afecciones más comunes que se encuentran en los Rhodesian Ridgebacks que envejecen. Pueden desarrollar artritis en cualquier parte de su cuerpo, pero es más común en caderas, rodillas, codos y espalda. También es común que los Ridgebacks que envejecen pierdan la vista o la audición, por lo que es posible que debas tener más cuidado para no asustar a tu perro. Los perros mayores pueden querer dormir durante períodos más largos, y pueden estar interesados solo en paseos cortos o sesiones de juego. A medida que tu Ridgeback comienza a exhibir más signos de vejez, es esencial que realices los cambios necesarios en su estilo de vida y entorno para adaptarte a sus necesidades cambiantes. Los perros mayores a menudo necesitan salir al exterior con más frecuencia, y es posible que debas ajustar su dieta más de una vez. Algunos perros pueden ser algo difíciles de manejar en sus años mayores, debido a cambios en la salud o el comportamiento, pero es importante reflexionar sobre toda la alegría que han compartido a lo largo de su tiempo juntos.

Cuando Es Hora de Decir Adiós

Es desgarrador despedirse de tu querido Rhodesian Ridgeback, pero llegará el momento para cada perro. Debes estar agradecido por toda la felicidad que te ha brindado y recordar todos los buenos momentos que has tenido con tu mejor amigo. Este puede ser un momento de duelo, pero también es una oportunidad para celebrar la vida de tu perro y las aventuras que han tenido juntos.

A medida que se acercan las últimas horas de tu perro, puede ser difícil hacer los arreglos necesarios, pero tu veterinario podrá guiarte a través del proceso. Muchos veterinarios ofrecen servicios de eutanasia tanto en la clínica como en tu hogar. Algunos dueños pueden encontrar difícil despedirse en el entorno público de una clínica veterinaria, por lo que los servicios a domicilio son mejores. Otros pueden no querer tener el recuerdo del final en su hogar. Para cualquiera de estos escenarios que encuentres más reconfortante, podrás encontrar un equipo veterinario de apoyo para ayudarte en este momento difícil. Mientras estés allí para tu Ridgeback, él se sentirá reconfortado sabiendo que sus últimos momentos los pasó con su querida familia.

www.ingramcontent.com/pod-product-compliance
Lightning Source LLC
Chambersburg PA
CBHW071258130626
46556CB00003B/1369